Manual para El Nuevo Paradigma

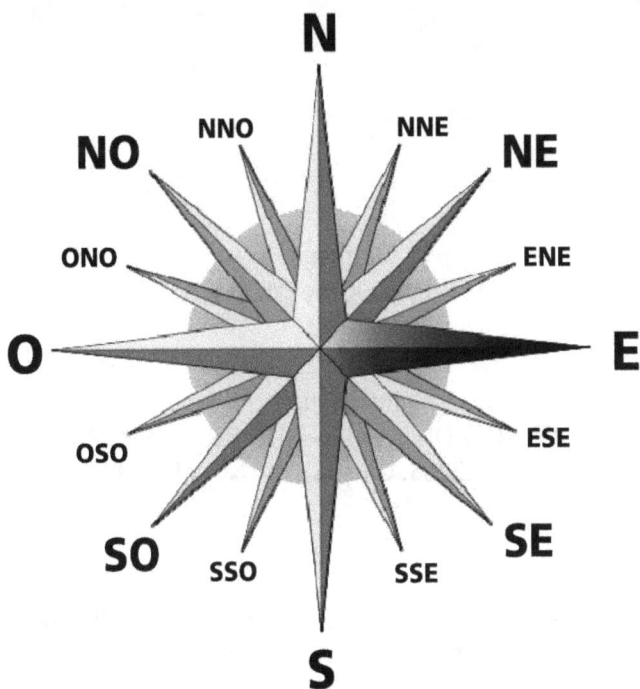

N
NNO   NNE
NO   NE
ONO   ENE
O   E
OSO   ESE
SO   SSO   SSE   SE
S

ISBN
978-0-9799176-8-4

Publicado por
EDITORES DE LA CASA DE BRIDGER, INC.
P.O. Box 2208, Carson City, Nevada'/89702

El diseño de la cubierta fue hecha por The Right Type
Impreso en los Estado Unidos de América

10 9 8 7 6 5 4 3 2 1

UN MENSAJE PERSONAL PARA TI

I

Hemos llegado a un punto en la evolución de este planeta en el que los primeros pensamientos que vienen a la mente de cada individuo son preguntas de por qué yo, por qué ahora y qué es lo que realmente está pasando de verdad en la realidad actual y en los tiempos que estamos experimentando. ¿Qué es lo que de verdad está pasando detrás del escenario más allá de lo que nuestros cinco sentidos pueden captar? ¿Por qué hay esta extraña sensación de que hay mucho más en esta historia, detrás de las apariencias.? ¿Quién es el que realmente ha montado todo esto y está moviendo los hilos? ¿Realmente es sólo un grupo de personas que se encarga de todo? Y si este es el caso entonces, ¿todo este asunto de Dios, no será acaso una mentira, después de todo? Habrá aquellos que si creerán que esta es la verdadera esencia de la situación. Afortunadamente y por el bien de todos, esta no es la Verdad.

La Verdad es que hay múltiples niveles de actividad detrás de lo que aparenta ser un juego de increíble magnitud. ¿Quién es el que entonces está escribiendo el papel para los personajes y cuál es la finalidad del guión? ¿Te sorprendería saber que tú eres el que está escribiendo el papel y que hasta que no des con el sentido del guión, no lo hay?, ¿Y si este es el caso entonces, quién sobre el planeta Tierra puede hacerlo? Pues bien, desde luego que si que hay un grupo de personas con un enfoque muy claro y que ha decidido sacar adelante su plan para escribir el guión. Solo que hay un pequeño problema con esto, y es que han decidido llevar a cabo un plan que no está en armonía con el Creador del escenario ni del teatro en donde se interpreta la obra. De hecho, el plan que este grupo tiene en mente, tiene una gran sorpresa al final para el público y los actores que están en el escenario. Su intención es destruir al público, a los actores, el escenario y el teatro.

Y ya que al Creador de este teatro le gusta tanto éste en particular, y piensa en él como en su proyecto favorito, esta idea no le seduce en lo más mínimo. Y puesto que su negocio no consiste en inmiscuirse en las representaciones creativas que se producen dentro de sus confines, entonces, está esperando que sea el propio público el que decida por si mismo hacer los cambios. Existe un tipo de representación que involucra a la audiencia y la invita a participar más que a quedarse sentado pasivamente mirando. El dueño del teatro se está preguntado que hará el público si la obra que se está representando se vuelve lo suficientemente repugnante para la audiencia, ¿simplemente se levantará y desviará su atención hacia otro lugar? Esto entonces permitiría al reparto y a los directores destruirse a si mismos, pero resulta que el director del Teatro no quiere que su propiedad sea destruida, ni tampoco ellos. Está esperando que sea la audiencia la que proponga alguna otra solución. Quizá la audiencia podría participar e introducir algunos personajes nuevos y que estos escribiesen su propio guión. Si se pudiese introducir un argumento nuevo con personajes que cambiasen el final, entonces la representación podría convertirse en una comedia o en una historia de amor o de misterio en vez de en una tragedia. Inclusive, la participación de la audiencia podría crear un género totalmente nuevo. En vez de representar una y otra vez las mismas viejas historias, quizá, la audiencia en la intensidad de su deseo, ¿no podría a caso cambiar totalmente el argumento, y salir con un argumento creativo que abarcase posibilidades aún no experimentadas?, ¿Por qué no? Cuanto mayor es el deseo de cambio, mayor es la oportunidad para crear nuevas historias creativas sin límites. Dentro de la espontaneidad del enfoque del grupo, y sin que lidere un control de tipo académico con un propósito intencionado, la concepción más allá de los temas ordinarios no sólo es posible, sino que es probable.

¿Cuál es el propósito de toda esta discusión? Pues bien, ha llegado la hora de que despiertes a tu responsabilidad de cambiar el (destino) camino que se te está forzando a tomar. A estas alturas ya no se te está conduciendo, ahora en esta fase estas siendo literalmente empujado. Se ha alcanzado un nivel en el que oponer resistencia ya no va a tener éxito; por lo tanto tendrás que conseguirlo de otra manera. Literalmente, se va a tener que crear la solución. Nada de lo que hayas realizado con anterioridad va a conseguir un cambio en esta situación. Aquellos que te han conducido a la situación presente, conocen tan bien tu naturaleza humana actual que cualquier posibilidad que se te ocurra pensar ya ha sido bloqueada. Cualquier célula de resistencia es bien conocida por ellos, y si se le permite existir a ésta es porque tiene un propósito dentro de su plan. A estos se los usara como ejemplos gráficos de lo que ellos no van a permitir.

Y ahora tienes que comprender que existe un camino para la humanidad a través de esta experiencia, pero tienes que cambiar a una postura creativa, no a una postura de resistencia. Y en base a vuestros modelos de experiencia del pasado, esto precisamente, es lo que no esperan de vosotros. Te puedo asegurar que vuestra historia ha sido estudiada y analizada por mentes y modelos de ordenador hasta el punto en el que, ni tu te imaginas hasta donde te conocen. Cada reacción ha sido diseccionada hasta el nivel celular y se han planeado acciones restrictivas para cada una de ellas. Os enfrentáis a la posibilidad de vuestra extinción a menos que podáis realizar un salto cósmico a un nivel creativo de imaginación en donde se pueden anular totalmente estos planes. ¿Acaso no tenéis vosotros también ordenadores?, ¿Acaso no podéis conectaros a grupos creativos de discusión y pedir la entrada en la mente de eso que los ha creado?, "Cuando dos o más de vosotros os reunís en mi Nombre (con un enfoque claro y un deseo de entendimiento armonioso), entonces también ahí estoy yo".

El implorar y suplicar a Dios, a Jesús, a Buda o a Mahoma no os va a liberar de esta situación. Habéis permitido que este mal descienda sobre vosotros, así que sois vosotros los que, individualmente y colectivamente, tenéis que asumirlo y concebir la solución. Se tiene que dar en vosotros un nuevo cambio de conciencia. No toda la humanidad va a decidir participar. Habrá aquellos que esconderán la cara llenos de culpa y se postrarán con una actitud de victima. Pues que así sea, dejémosles. No tienes tiempo para reclutarles, ¿pues que creatividad podrían ofrecer? Esta es una clara llamada a la conciencia de aquellos con la suficiente fuerza de carácter para plantarse en su propia conciencia conscientemente y para decidir que no van a permitir que esta situación continúe hasta su ejecución total. Inclusive aquellos que están en medio de este plan abominable ignoran totalmente que el final es la aniquilación. Y desafortunadamente, no sólo se planea aniquilar a toda la gente y al planeta, sino a reinos más allá de lo imaginable.

¿Y cómo se va a hacer?, ¿Cómo se puede realizar un cambio en medio de tanta ignorancia y falta de comprensión de quienes y qué sois? Ahora que todavía hay tiempo y antes de que el nudo se tense más, todavía os podéis mover por el planeta. Habrá grupos que se reunirán para fortalecer su conciencia conscientemente y para invocar la ayuda de la fuente de conocimiento más elevada para que les asista en la concepción de una nueva manera de experimentar la existencia manifiesta. Esta no se tiene que copiar de ninguna otra experiencia anterior. Tiene que ser literalmente un salto conceptual, aunque no sea en su totalidad, pero sí que invoque el principio de dicho marco de experiencia. Este no es un proceso que pueda ser deletreado. Al principio la forma está poco definida ya que está concebida como una posibilidad, y así es como debe ser. Se tienen que trascender los límites de la experiencia ya conocida. ¿Una tarea Súper humana?, desde luego que sí, pero ni mucho menos imposible. Del reto nacen el deseo y la necesidad de concebir aquello que es totalmente diferente.

¿Acaso no se le ha presentado esta oportunidad antes a la humanidad en este planeta? Ya lo creo que sí, pero ésta, cada vez se refugió en viejas estrategias. Y ahora esta situación es el resultado de su propia creación. Así, que es su tarea asumirlo y dar este salto o enfrentarse a la posibilidad de dejar de existir. Todo esto es fruto de su propia creación. La humanidad no puede culpar a nadie, así que tiene que haber un cambio de 180° con respecto al pasado en donde se negó a asumir todo el proyecto, y a aceptarlo con resolución y dedicación.

II

El foco de energía que mantiene a este planeta en su órbita dentro de este sistema solar no necesita del poder de la fuerza para hacerlo, sin embargo, dispone de un proceso que usa y del que no se requiere esfuerzo alguno. El concepto de poder, lleva en si inherentemente la comprensión de que la fuerza requiere de esfuerzo. Y ya que el pensamiento atrae, habéis atraído a vuestra experiencia el esfuerzo, la fuerza y el poder. Existen otras experiencias disponibles que no requieren de este concepto. Vuestros proyectos de cohetes son un claro ejemplo de esto. Vuestros recursos se utilizan para impulsar el cohete y su carga explosiva fuera de la orbita de este planeta y después más lejos. Y sin embargo, sois visitados por seres de otros planetas que entran y salen de vuestro campo gravitatorio sin derrochar ningún esfuerzo. ¿No os demuestra esto que hay otras maneras de trasladarse sin tener que emplear métodos tan peligrosos y malgastar tanta energía? La búsqueda de respuestas a estas preguntas intriga a la mente. Hay muchos que saben que estas posibilidades existen, pero son incapaces de imaginarse las respuestas sin hacer un gran esfuerzo para resistir, que lo que imaginan es precisamente lo que los ata a la tierra. No es el campo gravitatorio lo que los ata aquí. Es la conciencia. Es la interacción del pensamiento, actuando sobre el pensamiento, lo que los elude (esquiva). Ellos saben que sus pensamientos pueden influir en el resultado de un experimento. No obstante, el concepto de que el pensamiento una vez proyectado, pueda liberarse para interactuar consigo mismo y que eso pueda condicionar el resultado más allá de lo deseado, no ha sido comprendido. La necesidad de controlar, observar y demostrar el proceso les previene de alcanzar reinos de mayor entendimiento. Lo que falta es la habilidad para confiar en que el proceso sólo puede proceder dentro de resultados positivos una vez ha sido liberado para actuar dentro y a través de si mismo. El pensamiento liberado para actuar en si mismo volverá en manifestación glorificado y en una forma mucho más magnifica de lo que la mente limitada y enfocada pueda llegar a imaginar.

Y ahora el reto es para aquellos cuyo deseo es convertirse en el instrumento del cambio para transformar los planes negativos que se le ha destinado a este planeta. ¿Puedes expandir tu conciencia para abarcar el proceso que va más allá de tu "entendimiento"? Será necesario que empieces por el simple deseo de participar en la nueva experiencia del nuevo paradigma. Sin embargo, abandonar lo conocido para aventurarse en lo desconocido requiere de valor para soltar el sentimiento que muchos de vosotros tenéis con respecto a los avances que esta "civilización" ha logrado desde los comienzos de la edad de piedra, hasta llegar a las comodidades tecnológicas modernas actuales. ¿Sabías que la palabra civilización es sinónimo de esclavitud? Y que para poder alcanzar esta experiencia se tuvo que renunciar a la libertad de elección personal para dar prioridad a la organización del grupo. Y yo os digo, que más allá de la familia, no se necesita ninguna otra organización. La responsabilidad personal es la clave fundamental para la libertad. La cooperación es un fenómeno natural siempre y cuando la necesidad de controlar este ausente. La necesidad de controlar es una conducta aprendida que se convierte en algo habitual cuando se experimenta.

¿Cómo puede uno trascender una actividad tan habitual cuando está tan profundamente arraigado a un nivel planetario? Se ha llegado a un nivel en el que el hombre en si mismo y por si mismo no es capaz de romper esta adicción. Los adversarios saben esto perfectamente y están seguros de que la humanidad no lo puede cambiar. ¿Entonces cuál va a ser el punto de partida principal que nos va a llevar a un nuevo paradigma de experiencia? Se puede conseguir comprendiendo que el pensamiento enfocado y una vez liberado puede desde luego, actuar en si mismo y sobre si mismo. Y aunque suena muy simple, y desde luego lo es, en realidad es un arma muy poderosa. Y para que el proceso funcione, se tiene que tener en cuenta algunos criterios. Y ya que es un proceso que pertenece al Orden Divino, la intención con que se desea a nivel profundo debe estar en armonía y en coordinación con este proceso eterno. El propósito de esto debe concebirse con el enfoque de aquellos que están en constante evolución y que desde el principio se van a beneficiar de este movimiento a través del movimiento hacia fuera de sus esferas de influencia. La intención del propósito es la clave del éxito para estar en coordinación con el fluir del Orden Divino. Y si esto se reduce a una formula matemática, entonces nada de lo que se incluya puede provocar cambio alguno en ninguna de las fórmulas Divinas que permiten que el equilibrio del Todo exista en armonía. El pensamiento pensante en si mismo sabría si es aceptable o no. Y esta es la razón por la cual la oposición no puede aprovecharse de este proceso. La pureza de la intención para armonizar como motivo es un prerrequisito fundamental. El pensamiento general sólo tiene que ser específico en cuanto a la intención y al propósito se refiere. Este debe proporcionar sentido del propósito y permitir que el proceso del pensamiento pensante proceda en Orden Divino ya que ha sido liberado con la total y absoluta confianza de que ya se ha cumplido en lo que vosotros llamáis los niveles etéricos y que entonces se manifestará en la realidad manifiesta usando todos los elementos a su disposición para que pueda interactuar apropiadamente.

¿Y cómo puedes saber en verdad que se van a cumplir los objetivos deseados y que todo esto no es otro ardid de la oposición para mantenerte bajo control? ¿Has oído algo de esto en los reportajes de los medios de comunicación habituales? ¿Acaso alguien perteneciente al mundo aceptado de la comunicación te está vendiendo esto como algo que tienes que hacer? ¡Desde luego que no! Estáis programados para enfocar vuestra atención en mantener vuestro cuerpo sexy y en tener pensamientos humanitarios por las multitudes que sufren mientras le das otro bocado a tu bistec cuando estas cenando en el restaurante, o te tomas al menos una hamburguesa rápida de camino a casa después de tu labor improductiva delante del ordenador. El proceso por el cual has recibido esta información ha sido a través de las maravillas de tu ordenador. Es una demostración del pensamiento interactuando consigo mismo y además con un enfoque añadido. Es la intención enfocada lo que va a iniciar el proceso que deseas. Entonces el pensamiento enfocado a través de una intención con un propósito se completará a si misma en magnificencia a través de la energía de tu fe y de tu confianza. Y manteniéndote con absoluta firmeza en la certeza de que eso en la forma etérea ya ha sido completado en menos de lo que se tarda en parpadear, será lo que permitirá que se manifieste en la realidad de la 3ª dimensión. Los procesos al estilo ordenador de la Creación están dotados de gran rapidez, sin duda alguna. Entonces la pelota te será devuelta a tu cancha para que puedas hacer más en tu dimensión.

III

El patrón de experiencia de esta realidad terrenal ha sido cuidadosa e intencionadamente manipulada para que siga una espiral descendente hacia las energías más densas y oscuras y que están en la escala más baja en la que el cuerpo humano puede existir. Y esto hace que la conexión entre la extensión (espíritu en el cuerpo) y el Alma (fuente enfocada) sea más difícil. Y esto no es solamente su intención. Esto permite la posibilidad de que las dos energías se separen. Se tienen que llevar a cabo manipulaciones muy complicadas en la energía de la extensión para que esto pueda llegar a ser posible. La "captura" de la energía del Alma tiene el propósito de causar una ruptura en la cadena de energías que se extienden desde la matriz del Alma. Es de la creencia de aquellos que lo hacen, que esto causará un derrumbamiento de las energías positivas que constituyen los pilares básicos de la creación. En otras palabras, ellos creen que causando una ruptura en el flujo de retorno de esta energía hacia su fuente causará un desbarajuste en el patrón combinado mayor de la matriz Galáctica. La concepción de este grupo de separatistas es la de generar una reacción en cadena que provoque un caos de tal magnitud que su enfoque mental pueda reorganizar de nuevo este caos en su propia matriz. Desde luego que es una empresa bastante ambiciosa y arrogante. El plan también incluye muchos más pasos fantásticos a seguir hasta su conclusión. Y debes saber que este no es un plan que haya sido concebido en un momento. Es uno que ha sido largamente planeado en el tiempo, eones en vuestro tiempo para ser más preciso.

Sin embargo, ya que sus planes son contrarios a los parámetros en los que la Creación se ha manifestado en la realidad manifiesta, son incapaces de aprovecharse de los procesos de los que dispone la Creación y que también actúan como garantía de seguridad (sistema a prueba de fallos) para evitar que lo planeado se lleve a cabo.

Y la pregunta lógica que te estarás haciendo es, ¿cómo se ha llegado a permitir que esta rebelión llegue a este punto? Y la respuesta es el libre albedrío, que ha sido explotado para manipular a la humanidad y para que esta se convirtiese en el vehiculo de su poder. Tenéis el nivel de conciencia que sirve exactamente a sus propósitos. Eres lo suficientemente maleable como para ser influenciado y para desear un cambio cuando se ejerce presión sobre ti, el Alma/Extensión, y precisamente es el "cambio" lo que quieren. Justo en el punto crucial de los ciclos precedentes, a la humanidad se le influyó para que cambiara lo que tenía en su presente en vez de que deseara un cambio radical, una experiencia completamente nueva. En los ciclos de energía que sostienen a la Creación manifiesta en las distintas dimensiones, existen puntos críticos que permiten el cambio en los parámetros vibratorios de estas dimensiones. Y con esta oportunidad se las han ingeniado para crear una espiral descendente hacia una energía cada vez más densa en vez de elevar la vibración tal y como estaba previsto. Y esto sólo puede suceder cuando la conciencia de la masa planetaria y su nivel de vibración está enfocado en las experiencias del nivel más bajo de esa dimensión. Conforme nos acercamos a otra de estas oportunidades puedes observar donde se sitúa la conciencia de la masa con respecto a lo que llamarías ética y carácter viendo quienes son los modelos a seguir y quienes son más populares actualmente. Sin embargo, existe un riesgo en su proceso.

Y es que hay un punto en el que la presión restrictiva que ejercen para controlar los procesos de pensamiento de la conciencia de las masas del planeta les puede salir el tiro por la culata y puede provocar exactamente lo opuesto a lo planeado. Y esto hará que pierdan la oportunidad final del cambio de vibración dimensional que necesitan para completar sus planes.

Han tenido éxito con el uso de varias técnicas que les ha permitido debilitar la conexión entre la extensión/y el Alma humana. Gracias a la tecnología y a una mayor comprensión de la experiencia de la naturaleza humana, han desarrollado técnicas que indican un cierto éxito en el proceso de separar la extensión del Alma. Hay una excesiva confianza en que el éxito que estas técnicas han tenido con algunos individuos lo tenga también con grandes grupos en un porcentaje crítico de la conciencia de las masas. El resultado de los experimentos que han tenido éxito los ha intoxicado bastante y ya están saboreando las mieles del éxito al ver que su meta se acerca (sin embargo, es posible invertir estos procesos y reunir estas energías de nuevo en la Totalidad, aunque se va a necesitar mucha ayuda para sanar completamente a los seres que han sido usados como conejillos de indias. La Gracia del Creador será vertida sobre estos individuos para asegurarse de que la matriz del Alma no queda distorsionada).

Las implicaciones de este panorama son muchísimas, pero no desesperes al saber esto, ya que, como puedes ver claramente, para sanar esta situación no estáis solos. Es el libre albedrío lo que os ha traído a la situación actual y será precisamente gracias a este libre albedrío que deseareis finalmente hacer algo lo suficientemente drástico como para acabar con todo esto. Habéis empleado el "cambio" en el pasado para saliros de la situación, y lo único que hizo fue alterarlo. En este caso, el escenario es tal, que literalmente es "hacer o morir" tal como diríais vosotros. La salvación está en elegir el enfoque mental correcto. Sonríe, estas en el "lado ganador."

IV

A medida que cada uno de vosotros comenzáis a comprender, este es el momento crucial para completar un viaje espiritual que involucra múltiples viajes a través de la experiencia terrenal, así que se hará evidente que no hay un momento que perder en estas horas finales de este episodio. Si tienes que llevar a cabo esta empresa y finalizar este capitulo de la experiencia de la historia de este planeta, entonces aquellos que han elegido burlar el plan del Creador no deben ser los que lo escriban. Este es un tiempo en el que no puedes dejar este cambio en manos de otros. Es una responsabilidad demasiado grande como para dejárselo sólo a unos pocos. Debes hacer tu contribución para asegurarte de que el objetivo sea alcanzado y que serás incluido entre las multitudes que van a hacer que esto se haga realidad.

Para poder llevar esto a cabo, lo primero que tienes que hacer es abrir tus ojos y ver lo que está pasando a tu alrededor. Llegarás a comprender por desagradable que sea, que has permitido que esto ocurra porque se ha empleado una apabullante metodología de engaño para influirte, y te has resistido a implicarte y a tomar responsabilidad alguna para cambiarlo. Recordando con cuidado sentimientos e intuiciones que has tenido en el pasado hará que la verdad se te manifieste. Eres y has sido consciente de que algo siniestro está presente. Honestamente, no tuviste el valor para mirarlo de frente debido a las implicaciones que podía suponerte a nivel personal. Pero ahora tienes el valor para hacerlo ya que has cambiado de actitud. La magnitud y las implicaciones que los planeadores tienen en mente y de lo que son capaces de hacerle a tu futuro personal como a los de tu familia y amigos ha sido lo que ha permitido que tu deseo de saber esté por encima de tu resistencia. Y esto entonces nos conduce a la necesidad de considerar las implicaciones que esto supone para el planeta y sus habitantes en su totalidad. Este proceso te ha traído hasta el punto en el que puedes mirar de frente a la verdad. Y desafortunadamente, la "verdad que te va a liberar" no es algún concepto religioso o esotérico, sino lo que has deseado evitar a toda costa. Lo que tienes que entender es que esta verdad es sobre una situación que podría terminar con vuestra experiencia terrenal de una manera muy desagradable, y que además puede poner en peligro vuestra existencia en la eternidad.

¡Lo que está en juego es muchísimo y la situación desde luego, es muy grave!

Ya no es el tiempo para esconderse tras la excusa habitual de "¿qué puede hacer una sola persona?" Un gran número de "Unas personas" pueden hacer muchísimo. Convertirse en "carne de cañón" tampoco es la solución. Se requiere que te conviertas en una influencia mucho más sutil. Y ahora aprende una Verdad. La energía sutil es poderosa y la energía más poderosa es la sutil. Vuestra Biblia dice, "En el principio era el verbo", pero las palabras son pensamientos expresados en voz alta, como ves es una traducción incorrecta. ¡En el principio era el pensamiento!! Y esta es la energía sutil que os pedimos que utilicéis. Simplemente cambiar el enfoque de vuestro pensamiento. No te permitas a ti mismo regodearte en los horrores que han sido planeados para ti, sino que cambia el pensamiento y enfoca en lo que realmente te gustaría experimentar.

Gracias a su metodología, estáis entrenados solo para pensar en los pensamientos programados de adquirir cosas, las opiniones de los demás, la supervivencia frente a ladrones y asesinos, y a evadiros de vuestros propios pensamientos a través de la adicción a la TV, películas de cine y música disonante para el Alma. Y finalmente aunque no es lo último, perseguir experiencias sexuales ya sea en relaciones monógamas o fuera de ellas. También hay la proliferación alucinante de entidades religiosas dispuestas a alejarte de tu propia búsqueda personal para comprender tu conexión con la fuente y tu presencia en este planeta en primer lugar. Y yo os puedo asegurar que ni Jesús, ni Buda ni Mahoma tienen nada que ver en todo esto. No estoy diciendo que estos seres no hayan existido, o que no estuvieron aquí para intentar enseñaros y guiaros a través de este dilema, pero los mensajes que trajeron fueron distorsionados hace mucho tiempo. Ninguno de ello vino aquí para "sacaros del atolladero" por creer en su existencia pasada o presente. Vinieron aquí para enseñaros que teníais que salir de esta situación asumiendo vuestra propia responsabilidad personal y creando a través del pensamiento una nueva realidad planetaria. Y esta es la única manera en que podéis atravesar esta experiencia tan dolorosa.

Aceptas esta responsabilidad comprometiéndote contigo mismo y con la energía creativa que te enfocó en esta existencia a través del pensamiento. ¡Sabrás como participar para crear una nueva experiencia y que va a remplazar a esta pesadilla viviente! ¿Cómo? Lo has estado buscando a través de tu deseo de saber y de participar en su creación. Y entonces a través de coincidencias aparentemente milagrosas, se te dará a conocer el como participar. El punto crítico del proceso está en comprometerse y en tomar conciencia de que lo más importante es participar en la creación de una experiencia totalmente distinta y 180° opuesta a lo que ahora se ha planeado como tu última estancia terrenal.

La evidencia para hacerlo te rodea de una manera irrefutable. Sólo necesitas abrir tus ojos, y considerar como se están recortando y disminuyendo tus libertades personales a una velocidad vertiginosa y oír (escuchar) la evidencia encontrada y presentada tanto a nivel escrito como hablado en la radio, Internet y en libros. Dentro de muy poco ya no podrás disponer de ello, dejándote solo con el boca oreja, así que es imperativo que respondas a esta información. Se te anima a reaccionar solo a través de tu cambio de actitud y en tu compromiso para convertirte en parte de este poderoso movimiento sutil. No habrá un Armagedón (guerra del fin del mundo) como ha sido sugerido en su versión de vuestra Biblia. Se reemplazará el mundo que ellos han planeado gracias al cambio de conciencia y al enfoque mental de los seres de este planeta hacia lo que de verdad desean en vez de a lo que se los está forzando a ser. Será el cambio interior e individual lo que conquistará las fuerzas exteriores que planean controlar la verdadera esencia de vuestro ser. En la aceptación de esta llamada radica el futuro de vuestra supervivencia y las experiencias que os aguardan en la eternidad.

V

¡Desde luego que este es un día glorioso en verdad! La lluvia cae y el aire está limpio. La lluvia cae generosamente sobre el planeta y la Madre Tierra comienza a limpiarse en serio. ¿Acaso es una maquinación? Bueno es lo que puede parecer, ¿pero acaso son sus despreciables máquinas tan poderosas? No estés tan seguro de eso. Recuerda que la Tierra es una proyección del pensamiento y el pensamiento es auto consciente e interactúa consigo mismo en mayor o menor medida. ¿Pensara la tierra en mayor o menor medida? Esta es una cuestión a contemplar.

Este es un momento en el que hay que estar consciente del cambio de guardia. Parece que el destino del planeta le ha sido arrancado de las manos a sus habitantes, y tal como parece se le ha quitado el control de la Republica de U.S.A a su gente. Ya ha comenzado un movimiento en la conciencia de los habitantes que están presentes. Estos niveles de conciencia son sutiles y también son poderosos. Interesante decir que estos cambios en la conciencia se dan a un nivel vibratorio que no alertará a las fuerzas negativas. Este momento se construye en los poderosos planos sutiles de las fuerzas energéticas que sostienen a este planeta en su enfoque. Es el pensamiento interactuando consigo mismo. Está actuando en concierto con el cambio de percepción y de la conciencia de las masas de modo similar a un proceso natural de muda de piel. Al igual que la serpiente, hay un cierto picor que se puede sentir. Durante este proceso se esta mucho más vulnerable al peligro de los enemigos ya que es un proceso interno. La serpiente efectivamente se busca un cobijo resguardado ya que durante este proceso interno se vuelve literalmente ciega. Todo el enfoque está en si misma mientras dura el proceso, el de crearse una nueva experiencia exterior ya que la anterior ya no le sirve. Inclusive el envoltorio de los ojos le ha cambiado, de modo que el mundo que ve es completamente nuevo. Lo único que puede evitar este proceso cíclico es la muerte de la serpiente. Esta es una analogía apta para nuestra consideración sobre la evolución de la humanidad a través de lo que parece ser un dilema de gran magnitud. Al igual que el feto cuando ya no puede crecer más dentro del útero y tiene que abandonar su experiencia actual y aventurarse fuera en un entorno completamente nuevo, estos son ejemplos de la misma naturaleza que nos guían y nos sugieren que este proceso es una fase natural dentro de la vida en la experiencia manifiesta.

El separar al hombre de la naturaleza y confinarlo como si fuera un rebaño en las áreas metropolitanas no ha sido un accidente. Se ha utilizado muchas veces para suprimir el poder que tiene el propio individuo para controlar su experiencia de vida. En un medio en donde la gente está hacinada y muy cerca unos de otros, es mucho más fácil controlar y empujarlos hacia experiencias que son contrarias a sus deseos naturales, y que no puedan elegir con responsabilidad la experiencia de vida que desean para si. El hacinar a los individuos como si fuesen rebaños suaviza sus deseos naturales y abre la psique (mente) a influencias de todo tipo debido a la confusión que se produce en la totalidad de su ser. Existe una llamada fundamental dentro de cada uno hacia el equilibrio. La falta de habilidad para elegir experiencias libremente causa una distorsión en el patrón de energías que produce intuitivamente un malestar y una búsqueda para cambiar este sentimiento. Entonces esta necesidad conduce a una búsqueda frustrante e interminable por caminos sin fin, por parte de aquellos que podrían cambiar el destino de esta experiencia planetaria. No obstante, hay patrones de experiencia que están profundamente arraigados dentro de cada uno, como son el proceso de la muda de piel, que no pueden ser distorsionados. Las fuerzas negativas tienen su programa particular que debe ser cumplido. El momento en que este proceso de "muda de piel" humana comienza es algo que ellos no pueden controlar y de lo que no pueden estar al tanto por mucho que analicen y re-analicen la experiencia humana desde su perspectiva. ¿Te das cuenta entonces de que el pensamiento pensante en si mismo ha creado mecanismos de seguridad y de control que previenen de la destrucción a toda costa? Pero de nuevo nos tenemos que enfrentar con el único elemento que puede inclusive poner un freno a este mecanismo de seguridad y de equilibrio. ¡Es el Libre albedrío! Cada uno tiene una gran responsabilidad a la hora de usar este gran don que el Creador le ha otorgado. El confía en que los fragmentos de si mismo sólo estén disfrutando del hecho de llevarse a si mismos hasta el borde de la extinción sólo por el puro placer de la aventura. Pero, al igual que en vuestras películas de acción, (una representación de un enfoque de aventura subyacente) el héroe sin apenas un rasguño o por lo menos, no con nada que no pueda ser curado, se mueve con una sincronicidad perfecta por el escenario. A veces os perdéis el doble sentido de las películas.

Y ahora estáis en el momento más crítico del guión. Ha llegado la hora de escribir en el momento de máxima intensidad, el cambio de relevo, de los malos al héroe, para que este tras su espantosa huida, pueda experimentar ese giro inesperado en el argumento, y dejar a los malos en la estacada. Esperemos que esta no sea una nueva aventura de Superman o de un agente secreto en el que de nuevo los malos nunca mueren y se esté preparando entre ellos otra nueva historia. Ya habéis experimentado estos guiones antes, y de nuevo os habéis perdido el punto de las películas. ¿Acaso no os quedáis con esa desagradable sensación de que el mal nunca es derrotado cuando os vais del cine después de asistir a una película de este género? Este es el punto de la cuestión. Que os quedéis siempre con la idea de que el mal nunca muere y que siempre permanece sin importar lo que hagáis. ¿Acaso no fueron vuestras experiencias en Corea, Vietnam y en la operación Tormenta de Desierto (Irak), representaciones externas de la misma frustrante película? Todas las guerras tienen siempre el mismo resultado; simplemente no ha sido parte del plan hasta que recientemente se os ha mostrado tan explícitamente, para que lo podáis ver. Vuestra habilidad para discernir y reaccionar está siendo puesta a prueba una y otra vez. ¿Y sino, por qué razón se publicaría en vuestros periódicos los artículos que fueron "sancionados" (retenidos) a la gente inocente de Iraq? ¿Qué tienen que ver estos artículos para uso personal de la gente inocente con prevenir la preparación de la guerra? Estas listas se publicaron en todo el mundo. ¿Cómo creéis que el resto del mundo ve a la gente que apoya a su degenerado presidente y que está instigando todo esto? Como podéis ver actualmente se ha creado un nuevo género de cine. Y en este, vuestra gente se tiene que hacer responsable. Esto representa un repentino aumento de castigos justificados so pretexto del (terrorismo) y se está implantando en las mentes de aquellos de otros países. Su ideal de América como la Luz de mundo está siendo destruido por vuestra diplomacia de arrogancia hacia el derecho de auto determinación de otros países. Ellos ven estos castigos como apropiados ya que son incapaces de oponerse a esta injusticia a gran escala. Se usan los disturbios como excusa para interferir en las fronteras de otros países y se hace para parecer que la intervención se hace por el bien de los ciudadanos. Estas situaciones artificiales son una farsa, creados por grupos subversivos como la CIA. Las secuelas resultantes de vuestra intervención americana apenas si es lo que os han dicho. El sentirse culpable por haber sido utilizado como una herramienta no va a servir para acabar con esta pantomima. No pierdas el tiempo en ello. Decide formar parte de la solución para que este error de percepción sea rectificado.

El despertador ya ha sonado y la agitación interna e intuitiva para mudar la piel de esta experiencia engañosa que os controla ya ha comenzado en serio. Es la hora de elegir o el dejarse fluir con el movimiento de la Creación o el de quedarse atascado en la mentira en la que vive la humanidad. La educación, tal como la conocéis, no supondrá una ventaja. Este proceso sólo ocurrirá en la conciencia de cada uno. Habrá igualdad de oportunidad para todos en este proceso. ¡Creerlo! La pureza de la repuesta supera con creces los títulos de estudios que se hayan realizado. Aquellos que sepan como mínimo lo que está ocurriendo serán los que oirán primero. Se te ha educado en la mentira que provee el aceite que engrasa las ruedas de sus planes. Se te ha engañado para que los apoyes mientras ellos llevaban a cabo sus planes, enfocándose en los ignorantes y en aquellos incapaces de oponerse al poder que habéis otorgado a los manifiestamente malvados, a través de vuestro consentimiento al creeros sus mentiras.

VI

En la realidad que rodea tu conciencia en la experiencia en la 3ª dimensión, es más fácil dejarte seducir por los 5 sentidos y creer que esto el lo único que hay y que dura lo que dura mientras estas en tu cuerpo físico. Y desde luego esto ha sido potenciado al introducir las ayudas visuales como la fotografía, películas, TV y los ordenadores. A esto añádele el telégrafo, el teléfono, imágenes vía satélite, más música y eventos deportivos y todo esto empezando ya en la mas tierna infancia y cuanto más temprano mejor. ¿Y dónde hay, entre tanto ataque violento de distracciones que suponen una confusión alucinante para la mente, tiempo o deseo de contemplar en silencio nada que no sea una repetición de estas experiencias? La conciencia intenta despejar el revoltijo de esta sobrecarga de manera que se pueda dar el contacto con una conciencia interior y más profunda y se pueda iniciar el proceso de contemplar el cómo y el por qué estas en esta experiencia. Este es un proceso que se suele producir de una manera bastante natural, excepto cuando la mitad consciente de esta combinación está sobrecargada de estímulos. Inmediatamente se le hará muy aparente al lector, que esto es exactamente lo que sucede en las zonas modernas de norte América y Europa. Inclusive más, actualmente se está extendiendo a otras zonas de más afluencia. Una vez expuesto a este proceso mental tan agobiante, da la sensación de que es relajante. Y sin embargo, no es en absoluto relajante, ¡es un supresor de la mente! La parte creativa y auto contemplativa de la conciencia esta siendo apagada. Cuantas más veces se repite esta experiencia, más se convierte en una adicción. Y en vez de disfrutar de experiencias mentalmente estimulantes, éstas se experimentan como algo inquietante y profundamente irritantes. Y así, puedes ver al que hace footing (corriendo) escuchando su música con su aparato de MP3 en los oídos, en vez de estar contemplando sus propios pensamientos. De alguna manera, tienen la necesidad de mantenerse conectados a sus adicciones de distracción. Si no es la radio o las cintas, entonces es el teléfono del coche para mantenerse conectados y así poder pontificar con sus "amigos".

Y ahora leyendo esto, ¿Puedes separarte de todas estas distracciones, en donde experimentas, contemplas y absorbes todas estas maravillas de la existencia de fantasilandia? ¿Dónde está lo que llamas realidad en un mundo que mayoritariamente es apariencia? Cuándo miras en verdad a la información que diariamente te llega a través de todos los medios de comunicación, ¿cuanta de ella se puede considerar realmente algo real y concreto? ¿Acaso es el dinero que se transfiere de una cuenta a otra de verdad un montón de billetes? ¿Acaso existen realmente todas esas denominaciones de dinero? ¿Dónde están esas cajas de seguridad en los bancos para albergar trillones de dólares/euros? ¡Despertar! ¡Estáis soñando! ¡Ah!, ¡pero si despertáis os tendréis que enfrentar a la cruda realidad de que habéis sido manipulados, y claro, ver eso da demasiado miedo! ¿Y durante cuánto tiempo crees que esta burbuja de ensueño puede seguir expandiéndose antes de que estalle, ya bien sea por lo fina que se ha vuelto o bien porque algunos disfruten pinchando la burbuja? ¿No sería mejor despertar antes y empezar a soñar con un nuevo final para esta pesadilla de falsedad que estas viviendo ahora? ¿Lo puedes hacer? Pues claro que si, es tu sueño. El que se te haya programado para soñar con un escenario en particular, sólo puede continuar si tú lo permites. Hay algo que se llama sueño lúcido en el que despiertas y tomas conciencia de que estás soñando, y entonces puedes parar en ese grado de conciencia y observarte a ti mismo soñando y cambiar el escenario del sueño. Si te están persiguiendo, pues te creas un sitio seguro para esconderte o haces que el que te persigue se caiga en un agujero o que aparezca un tren y entonces escapas.

Para separaros del estado de auto-conciencia (que es el estado en el que puedes observar el proceso de tus sueños), se os ha sumido en un estado de ensueño distrayendo vuestra conciencia consciente. Esto lo puedes correlacionar con una conciencia que te permitirá reclamar la conexión de las dos partes que constituyen tu conciencia total. En verdad ahora, tu conciencia intuitiva se está empezando a despertar a la verdad de esta información. ¿Sabías que tienes el poder dentro de ti para promover este sentimiento y salirte de este estado de distracción antinatural y obtener la conciencia total? El proceso de despertar te permitirá evitar el miedo y el pánico que crees que puedes sentir al enfrentarte a ello, y en vez te otorgará la habilidad de descubrir que eres un foco de expresión creativo y energético. No despertará la persona "bruta de las cavernas" que puedes esperar. En vez, aparecerá una habilidad contemplativa para enfocar en las soluciones, que vendrá a remplazar lo que antiguamente sentías como una fuerza invencible, como una situación sin solución. Esta fuerza te estaba asfixiando y sumiendo en una realidad de ensueño profundo, y descubrirás que ni siquiera existe. Puede que así lo parezca a través de los 5 sentidos, pero tú percibes que más allá de esas mentiras hay un potencial que suplanta cualquier cosa que hayas conocido anteriormente. Es el mismo potencial que empuja a los empresarios a tener éxito en sus empresas y a los exploradores hacia sitios desconocidos. Es una llamada intuitiva e irresistible que los empuja de lo conocido a desear experimentar lo desconocido, y que sostiene tal vibración de éxito que no puede ser resistido. Muchos oyen la llamada, pero pocos eligen responder, sin embargo, esto no quiere decir que no exista. Las historias de éxito son suficiente prueba de ello.

Se espera que esta información sea algo que contemples aparte de tu existencia ordinaria e hipnótica. ¿Acaso existe algo más allá de esta existencia tentadora y rutinaria que pueda inclusive compensar aún mucho más? ¡Desde luego que lo hay!

VII

"La vuelta al mundo en 80 días" fue una graciosa y maravillosa sátira sobre la competición entre el bien y el mal. ¿Acaso no nos gustaría que la misma situación en nuestra propia realidad fuese igual de desenfadada y graciosa y con todas las escenas de resbalones y pelos a lo loco potencialmente peligrosas? Puedes estar bien seguro que los que observan el juego que se está llevando a cabo sobre el escenario del Planeta Tierra, no se están riendo en absoluto con las mismas escenas, mientras estas atraviesan vuestra realidad manifiesta. En vez, ellos observan con sabiduría imparcial sabiendo que el final será positivo, pero preocupados por saber cuantos puntos de conciencia se moverán con el proceso de espiral ascendente de transformación y cuantos se quedaran atrás para ser guiados hacia el proceso de una nueva oportunidad. Será para ellos un gran alivio cuando la experiencia de la Tierra en este punto particular de su enfoque se haya completado. El cómo se van a reunir todas las piezas se ha convertido en un gran punto de interés, ya que desde luego, habéis creado vuestra propia gran y espectacular obra de teatro. El argumento es bastante único, algo así como "Los peligros de Pauline de la Galaxia".

Es de destacar que los términos Universo y Galaxia son lanzados al aire con despreocupación y hace que te encuentres desconcertado e intentando correlacionarlos con un entendimiento que tenga sentido en la 3ª dimensión. Y en verdad esto es muy difícil, no obstante intentaremos hacerlo. La Galaxia se refiere al flujo de realidad manifiesta alrededor del centro de un enfoque. Y el Universo se refiere al enfoque intencionado de energía coagulada que en vuestra terminología está detrás y apoya esta realidad manifiesta. Existen leyes universales que permiten la creación y el mantenimiento de esta Galaxia. Y ya que sois parte de esta Galaxia (vosotros la llamáis vía Láctea), y además queréis experimentar armonía en él, entonces tenéis que vivir dentro de estas leyes. Y en este caso sois como niños jugando al juego de "la gallinita ciega", ya que estas leyes os han sido ocultadas y os han dejado para que las descubráis por vosotros mismos a base de aciertos y errores. Y ahora mismo, estáis muy inmersos en el error. ¿Acaso es así como se ha dispuesto para que las aprendáis? ¡DESDE LUEGO QUE NO! Se os ha puesto la venda deliberadamente y se os ha engañado para que os creáis que no tenéis ningún derecho a quitárosla. La venda es el juego de la mentira en el que sois deliberadamente seducidos para que sólo prestéis atención ahí donde el mago pone la acción mientras realiza una serie de movimientos ocultos que no percibís. Vuestra atención está enfocada en lo que creéis que es la única acción.

Afortunadamente, no toda la audiencia está engañada. Os observan y se preguntan porque no veis los trucos que usa el mago. Es más, inclusive se preguntan el porque habéis llegado a un punto en el que sólo percibís la acción bajo el foco y ya ni siquiera veis al mago. Estáis tan hipnotizados que el mago ya ni si quiera se molesta en ocultar los movimientos que secundan la acción del truco de magia. Estos le rodean por todo el escenario y aún así tampoco los veis. ¿Cómo es posible? ¡Pues hipnotizando la mente consciente!

Por fortuna, hay otra parte de la mente que está más allá de este pensamiento consciente. Vuestros psicólogos lo llaman la mente subconsciente y lo han pintado como algo que ha secuestrado vuestra percepción de la Vida ya que está llena de experiencias horribles y oscuras perpetrados por unos padres abusivos, pero bienintencionados. Y como resultado de esto le teméis y lo bloqueáis y así no puede participar en vuestra experiencia de Vida. ¿Por qué está la palabra Vida en mayúsculas? ¡Pues precisamente porque este es el propósito de vuestra experiencia en este planeta! Estáis vivos, vida que es consciente de estar experimentando esta energía de Vida moviéndose a través de vosotros y que está siendo proyectada en la pantalla de vuestra mente observadora del ego. Ah, el ego, el demonio de vuestra existencia, o así os lo han hecho creer. Cualquiera que actúe de una manera avasalladora está siendo egoísta. Su ego lo tiene cogido por la corbata y hace que se comporte de manera contraria a las normas sociales impuestas. Está siendo controlado por su subconsciente maligno que actúa a través de su ego y este tiene que ser reducido y ese ego espantoso tiene que volverse humilde y complaciente o el hombre de negocios exitoso que tiene éxito porque su ego inflado atropella frenéticamente a los demás y les arranca el éxito de las manos a los que si se la merecen, etc., etc., ¿Acaso necesito pintar más escenas de esta prestidigitación mental?

¿Así que, cuál es entonces la verdadera situación? ¡Si no hubiese ego, entonces no habría conciencia de la experiencia manifiesta! El ego es vuestra cinta grabadora. Es la observadora de tus pensamientos, necesidades y deseos. Y éste adopta un tipo de pensamientos con una forma y un enfoque automático, y es lo que hace que se manifiesten las circunstancias y las situaciones que crean vuestra experiencia. El ego, literalmente filtra tus pensamientos, sentimientos y deseos y hace que se fusionen en la experiencia manifiesta. Es un proceso no una entidad. Es un proceso sobre el cual tienes total control, si te puedes hacer cargo de tus pensamientos, sentimientos y deseos y dirigirlos activamente hacia lo que quieres experimentar. Estos pensamientos tienen que ser relativamente precisos. Por ejemplo, si simplemente enfocas en que quieres cambio entonces puedes contar con que en tu vida habrá caos ya que éste es el cambio que has creado hasta que decidas tener otra idea más precisa y clara de lo que realmente quieres experimentar. El proceso por el cual esto funciona involucra a una Ley Universal llamada Atracción. Una vez que se ha generado una idea con el entendimiento positivo de que es posible, entonces el ego mantiene la imagen y completa el proceso a través de la polaridad energética positiva/negativa.

Gracias a la acción de la Ley de la Atracción y a la naturaleza maleable y al potencial que tiene una idea para en verdad irrumpir en tu experiencia, lo realiza. Y ya que en este momento la manifestación instantánea de ideas en este planeta es muy difícil, entonces el ego incorpora como apoyo al proceso la idea del tiempo. Si no eres capaz de mantenerte enfocado en tu deseo de vivir cierta experiencia, entonces muy a menudo te niegas a ti mismo la experiencia deseada. Hay un comentario en vuestra Biblia con respecto a "la oración equivocada". Ya que a lo que os referís como Dios es de naturaleza creativa y siempre que enfocas tu deseo por experimentar algo de una manera sincera, entonces estas en "constante oración" porque estas dentro de esta expresión creativa y expansiva que se origina en la Fuente de vuestra existencia. ¿Pero que pasa cuando estas pidiendo algo que puede causar problemas a otra persona? ¡Pues que la ley funciona igualmente! Pero, hay un efecto para aquello que has causado. Como acabamos de decir, estas utilizando la Ley Universal de la Atracción y su proceso implica energía similar atrayendo más energía similar. Si le causas un problema a otra persona al usar deliberadamente esta Ley, entonces aquello que has creado para otro también lo experimentarás tú. Son como las dos caras de la misma moneda. Una se la presenta a la otra persona y la otra se te presenta a ti. Si en verdad estas intentando seriamente comprender esta Ley, entonces si te atreves, observa los eventos que ya has experimentado y veras que este ha sido el caso muchas veces. Cuando le has deseado una bendición a alguien, tu también la has recibido, quizá no exactamente de la misma manera, pero si con algo que tuvo un significado para ti en tu vida. Considera también las dificultades. Creo que hay una referencia en la Biblia que reza "pon un vigilante en tu boca ya que las palabras (incluyendo los pensamientos) que salen no te son devueltas vacías".

Poniendo en práctica este entendimiento, debes mantener el deseo firmemente en tu conciencia. Si te equivocas al desear crearle un problema a otra persona, todavía estas a tiempo al principio del proceso de recapacitar y retirar el enfoque de dicha intención. Entonces no se le manifestará para que lo experimente. Las emociones y los sentimientos intensos pueden aumentar el potencial de la manifestación y hacer que el proceso se acelere, tanto si es para tu "bien" como para el de otra persona. Lo opuesto también es verdad.

Ya es hora de finalizar la parte de entretenimiento de esta obra que ha sido escrita intencionadamente, y la distracción de tu atención del propósito por el cual estas teniendo una experiencia en el planeta Tierra. Ahora tienes que decidir si quieres recuperar tu poder y quitarte la venda por voluntad propia o esperar a que te la quiten. La imagen será mucho más chocante si esperas, puesto que no estarás en absoluto preparado para la escena que han planeado para ti. Te queda poco tiempo para decidir. El mundo deslumbrante en el que vives es pura ilusión. Detrás de su fachada existe otro que juega un juego de poder que requiere de tu total cooperación y la renuncia voluntaria de tu poder creativo a base de abrumarte y hacer que tengas la sensación de no tener ningún poder personal. Como ejemplo te suena familiar eso de "¿pero que puede hacer una persona sola?", y la respuesta es: "¡Mucho más de lo que posiblemente te puedas llegar a imaginar, pero primero te tienes que dar cuenta de que tu tienes ese poder!".

VIII

¿Cómo puedo llegar a decirte que hoy es un día glorioso, cuando todo lo que te rodea se deteriora cada vez más y más? Pues desde luego que lo es, ya que estas condiciones están a punto de concluir. El final puede contener muchas sorpresas. Vuestro Armagedón llegará, pero no será con la forma que os han dicho. Las fuerzas de la Luz y de la oscuridad no lucharan en una guerra, no obstante la situación tendrá momentos que podríamos denominar de confrontación, pero no será una batalla armada en la 3ª dimensión. Esto debería ser bastante reconfortante puesto que los artilugios de la 3ª dimensión tienen el poder para destruir el Planeta entero. Y si el Creador es realmente un foco de Amor, entonces los métodos de destrucción no serían posibles. Estos sólo son posibles con el uso distorsionado de la energía de polaridad negativa. En el punto central de los dos focos de energía positiva/negativa se haya la armonía. Esta es la meta de toda energía manifiesta, el existir en este punto armonioso. Sin embargo hay una desventaja en este punto inmóvil de existencia armoniosa, y es que aunque permite una quietud absoluta, sólo se puede mantener durante un periodo de tiempo relativamente corto. Y como resultado de ello, hay un movimiento constante, de alejarse y acercarse a este ideal. Dentro de la totalidad de la Galaxia, existe un equilibrio en las distintas partes de este, unos alejándose y otros acercándose a este punto de quietud. Esto se puede apreciar en los movimientos de los planetas y lo que percibís como el Mazaroth o el Zodíaco ya que estos se mueven en ciclos alrededor del punto central de la Galaxia. Dentro de estos movimientos giratorios hay otros ciclos menores que no podéis ver. Cuando ocurre una distorsión en uno de estos ciclos menores, se le deja hasta cierto punto. Y cuando alcanza un punto en el que esta distorsión comienza a afectar a ciclos mayores, la atención se enfoca en corregir dicha distorsión. Esta atención está puesta ahora en el Planeta Tierra. La destrucción desde luego, afectaría a otros ciclos. Hubo un planeta en vuestro sistema solar que fue destruido. El equilibrio se mantuvo con mucha dificultad, pero la perdida de otro planeta provocaría un caos mucho más allá de lo concebible. Y por esta razón se le está prestando una gran atención a vuestra situación.

Si no fuese por el libre albedrío de sus habitantes (un factor que limita) ya se hubiese restablecido el equilibrio hace mucho tiempo. Y esto pone el énfasis en obtener el consentimiento de sus habitantes, a través del engaño y de la mentira, para introducir artilugios atómicos de destrucción. Ya se han puesto en marcha los planes para crear el caos que provocaría dicha destrucción planetaria. Es mucho lo que está en juego en este gran juego de control. El plan que hay detrás de esta destrucción es tan ambicioso que va más allá de lo que te puedas llegar a imaginar. Implica la creación de un universo/ galaxia de polaridad negativa. Para los perpetradores de este plan, tú ni siquiera eres algo que ellos contemplen en este juego. Esta confrontación es al nivel del Creador de este Universo/Galaxia. ¿Nos hemos inventado todo este asunto? Desde luego que nos encantaría poder deciros que sí, pero es la usurpación de vuestra habilidad para decidir con libertad, si el cooperar o no con ellos, lo que supone la pequeña clave para que su plan tenga éxito. Y esto te permitirá comprender los múltiples niveles de control que han sido puestos en práctica y el porque el control total (lo cual es, por su puesto, del todo imposible) ha sido empleado como instrumento de manipulación para engañaros. Y desde luego, hay muchos niveles de control sobre la gente en vuestro planeta. Aquellos que creen estar en control y que están planeando este escenario están siendo igualmente controlados y de la misma manera en que os lo hacen a vosotros. Conforme esto se va desarrollando, existen elementos en esta situación que se van a sorprender mucho más que vuestra gente en general. No obstante, puede que esta sorpresa se de a un nivel superior, por encima de lo que incluye su plan.

Lo que se tiene que recordar en la percepción mayor de todo esto, es que todo lo que existe, y esto quiere decir TODO, lo hace porque nace de la potencialidad que subyace a toda la Creación manifiesta. Siguiendo las distintas capas de energía que se coagulan en las diferentes realidades manifiestas en orden inverso, vemos que los bloques del edificio se vuelven cada vez más y más finos en cualidad vibracional hasta que alcanzan más allá lo que en la Cábala se llama Ain Soph o potencialidad pura. Y para conseguir que una Galaxia completa cambie de polaridad haría falta retornar a este punto para que tal evento tuviese lugar. No hace falta decir, que esto es una explicación extremadamente simple, pero te ayudará a comprender la audacia de tal idea y las relativas oportunidades para su éxito. Sin embargo, el intentar hacer esto trabajando en sentido inverso a través de la Creación existente para conseguir dicha meta, alberga en si la posibilidad de un patrón que resulte en un caos de no pocas proporciones.

Y ahora debes comprender que se tuvo que obtener vuestro consentimiento consciente para poder realizar esto, lo que debería hacer que tomases buena nota de tu responsabilidad en todo este asunto. A menos que despiertes y cambies el rumbo del camino descendente en el que estas, habrá una gran responsabilidad a la que enfrentarse. Por supuesto que se os ha adormecido para tener una existencia de zombi, pero eso ha sido vuestra propia elección por falta de responsabilidad personal hacia vosotros mismos y hacia vuestros congéneres humanos. Al final de este viaje a través de la experiencia de la Vida, serás sólo tú a recontar tu experiencia a la luz de una total comprensión y serás sólo tú a juzgar tus actos. Nadie te va a juzgar. Y es entonces cuando te das cuenta de lo que podría haber sido tu vida, de vivir tu experiencia a través de extender el Amor que te creo, en vez de ir en persecución de distracciones que nunca te proporcionaron una satisfacción real.

¿Qué vas a hacer ahora en este punto tan crucial de vuestro tiempo? Conociendo esta situación que en verdad apenas si puedes llegar a admitir puede que haya una posibilidad, ¿Qué es lo que puedes hacer? Primero tienes que considerar este conocimiento y enfrentarte a él en tu propio proceso de pensamiento consciente. Lo tienes que considerar como algo que posiblemente sea verdad. Y entonces tienes que admitir tu complicidad inconsciente en el trato que han recibido tus congéneres humanos en este planeta. Tienes que dejar de excusarte por no haberte dado cuenta debido a tu propio proceso de negación, ya que el mago te presento claramente la existencia de estas situaciones. El utilizar tu consentimiento ha sido labor de unos verdaderos conspiradores que tienen que poner en práctica una agenda muy dilatada. No te puedes entretener en el proceso destructivo de la culpabilidad. Debes hacerte responsable si quieres hacer que el rumbo de esta situación cambie. Se espera de ti que dejes de ser una victima y desde luego que no te conviertas en mártir ya que no hay lugar en donde te puedas esconder de esta situación ominosa. Debes hacer una promesa y comprometerte, convertirte y formar parte de la solución. Y entonces, a pesar de la masiva y continuada campaña de mentiras que invade tu conciencia, tendrás que empezar a discernir lo que es verdad. Te tienes que anclar firmemente para atravesar esta situación hasta alcanzar un entendimiento nuevo y mayor. Cuando esto se convierte en tu verdad personal más grande, entonces se te presentarán oportunidades para formar parte de un movimiento diferente empleando métodos que no requerirán de resistencia física, sino que supondrán un enfoque completamente nuevo. Es la única vía libre, pues la resistencia a nivel físico sería automáticamente eliminada. Vuestra constitución ya no es una protección efectiva y se disolverá. Pero, eso ya no importa. Es cuando se asume la responsabilidad personal y cuando uno acepta el reto y no desfallece de miedo, cuando otros de igual conciencia se unirán a la causa. Juntos, este grupo de difusión de conciencia será el que proporcionará el elemento crucial que hará que esta situación finalice para siempre. La determinación de formar parte de la solución desde lo más profundo de la conciencia personal es la llave que abrirá la cerradura, acabará con el encarcelamiento de la humanidad y traerá la verdadera libertad a los habitantes de este planeta.

Muchos son los llamados, pero pocos deciden responder. ¿Y tú dónde te sitúas en este punto tan crucial? ¡Tendrás que preguntártelo a ti mismo y tu mismo te tendrás que responder!

La pregunta de "quién" es el foco de energía de estos "mensajes" es difícil de responder completamente. "Ser" es el enfoque que cada conciencia individual tiene que buscar. A medida que cada uno se expande en el proceso de auto-identificación también lo hace la habilidad de permitir que el flujo de "Ser" se mueva a través de su experiencia. Cada uno atraerá a su conciencia el conocimiento necesario para que pueda vivirlo y así transformarlo en sabiduría. El nivel de vibración del medio ambiente del planeta y de los miembros de la humanidad que viven en la tierra es lo suficientemente bajo como para dificultar enormemente este proceso, y hacer que esta habilidad en la actualidad sea virtualmente inaccesible. Para asistir a aquellos miembros de la humanidad que están dispuestos y para que estos puedan acceder a la información necesaria que les proporcione una manera de trascender este estado aberrante actual, varios puntos de conciencia voluntarios pertenecientes a frecuencias vibratorias más elevadas, han estado actuando como estaciones de repetición irradiando esta información a aquellos deseosos de participar en el plano terrenal. Y conociendo las costumbres de los habitantes de la tierra que siempre necesitan el "personificar para identificar", se facilitaron nombres que van desde lo exótico hasta lo ridículo como fuentes de esta información. La información incluía ejercicios de discernimiento: la mayoría de los participantes fallaron en las pruebas de discernimiento. Muchos de ellos tenían sentimientos auténticamente profundos que contenían gran verdad, pero muchos otros despilfarraron sus energías al exhibir una actitud constante de victima pidiendo que se les resolvieran sus problemas personales. La información comenzó a distorsionarse a medida que el foco empezó a retirarse y los voluntarios empezaron a fingir en su propio beneficio haciendo ver que transmitían la información dejando de ser sinceros, pues la avaricia y la notoriedad se apoderó de ellos.

En vista de esta historia, se llegó de mutuo acuerdo entre todas las partes implicadas en el proceso de dictado/traducción/trascripción de estos mensajes, que las identidades del foco involucradas permanecerían sin revelar y que no habría retribución económica en todo este asunto. Más aún, no se diseminaría información personal alguna que pudiese aportar un beneficio personal. La totalidad del foco que está implicado es sólo para el beneficio del planeta y de sus habitantes. La verdad de los mensajes es para ser considerada y discernida y para ser usada en primer lugar para el beneficio de la humanidad y después recogido por el individuo para aplicarlos personalmente como parte de la totalidad hacia la que está enfocada sin la necesidad de usar nombres personales que identifiquen esta verdad. Y si esto no se ha entendido, entonces los mensajes se tienen que leer de nuevo para trascender esta necesidad y asumir el compromiso con la intención holográfica que la información contiene.

Se espera que estos breves mensajes sean tenidos en cuenta seriamente y se acepte el tono de importancia con que pretenden ser trasmitidos. La ventana de oportunidad para conseguir esta monumental transición de conciencia es pequeña en comparación a los obstáculos dentro del sistema de creencias humano que debe ser literalmente disuelto para que la totalidad pueda ser transformada.

Sinceramente se espera que la verdad aquí contenida actúe como una espada que corte con la armadura de la mentira y abra los suficientes corazones y mentes para conseguir/alcanzar el éxito.

No. 1

Ya es hora para la gente de la tierra de empezar a prepararse en serio para los cambios que se han planeado. Se os han dado muchas profecías, tantas que resulta confuso. Y esto ha hecho posible que muchos no hicieran nada, porque, ¿cómo iban a prepararse para tantas posibilidades distintas? Es imperativo empezar por los pasos más básicos. Considera cuales son las necesidades más básicas del ser humano en función del clima particular y de la región en la que vive, en donde tú estés si viene el invierno, ¿no sería la comida, un refugio caliente y el agua lo esencial? Y si es el calor lo fundamental entonces debería tratarse.

Pongamos un ejemplo, un caso hipotético de un "desastre", un cambio climático terrestre. Supongamos que hay una tormenta de invierno especialmente severa en tu área. Sería una tormenta con ráfagas de viento muy potentes, frío extremo y cantidades ingentes de nieve. Por supuesto, el suministro eléctrico se cortaría. Y aunque hubiese gas, no podrías disponer de ello a menos que tuvieses fogones que fuesen con gas. Sin electricidad no podrías cocinar en tu cocina eléctrica. No habría luces eléctricas. Las calles estarían intransitables y probablemente no habría líneas telefónicas, así que no podrías contactar con nadie ¿Cuál sería tu plan? ¿Se te ha ocurrido si quiera la posibilidad de que se pudiese llegar a este extremo? Te sugiero que al menos tengas suministros básicos de emergencia disponibles en casa o quizá en tu coche ya que raras veces estarás por ahí sin estar cerca de él. Una cocinita de camping gas, algo de comida enlatada o deshidratada, un saco de dormir y lo más importante de todo— ¡agua! Asegúrate de que todo funciona correctamente, pruébalo antes para asegurarte de que sabes como funciona, mira que no falte nada. Estudia lo todo bien.

Mira las previsiones meteorológicas y date cuenta de que cualquier posible tormenta puede ser intensificada y dirigida. Hay instrumentos colocados y en funcionamiento de gran sofisticación que lo consiguen (HAARP). Ya que no podemos interferir, no os podemos proteger de esta posibilidad. Claro que esta discusión sólo se ha centrado en una de las muchas posibilidades existentes. Puedes esperar que ya empiece a pasar alrededor de todo el planeta mientras ellos prueban su equipo (HAARP) para ver sus posibilidades, antes de que se les ocurra poner en práctica la secuencia de escenarios planeados que les ayudará a conseguir su meta. Sobre todo revisa tus reservas de alimentos. El tener verduras de invierno de larga duración (legumbres y cereales por ejemplo) es una sabia inversión y sobre todo aprende a cocinarlos, ya que muchos de vosotros habéis caído en la trampa de la comida precocinada. Puede que el agua disponible del río o del lago esté congelada y raras veces lo suficientemente potable como para ser bebida. También será sabio almacenar agua aunque esta no se mantendrá pura a menos que se le dedique un cuidado especial. Existen bombas purificadoras de agua de camping con filtros especiales extra. Considera asimismo, el incluir un equipo de primeras necesidades como ropa adecuada, etc. Os recomiendo vivamente que tengáis suficientes reservas de existencias, hacer un plan y reunir un equipo de primeros auxilios para un periodo de tiempo corto y guardarlo. Cuando ya hayáis completado esta fase, entonces ya puedes volver a prestar atención al asunto que tenemos entre manos.

Había un antiguo ejercicio que se hacia en clase de mecanografía, "Ahora es tiempo para que todos lo hombres buenos acudan en auxilio de su país". A mi me parece que esto es de lo más apropiado ahora. Pero al presentarse en auxilio del país, él/ella deben situarse en una posición de confianza y seguridad para que en una situación de crisis la atención se pueda dirigir hacia fuera para ayudar a los necesitados en vez de tener que pelearse con sus propias necesidades.

Al cerrar nuestra primera sesión, yo quisiera recordaros que los días de gran caos se acercan a una velocidad vertiginosa. Continuemos con estas sesiones de manera que nuestra claridad pueda aumentar y nuestros mensajes se puedan convertir verdaderamente en una luz que guíe en la oscuridad en los días que se avecinan. A veces es necesario que la oscuridad descienda antes de que la gente tome conciencia de una luz que ha estado brillando siempre. Así será, como la unión y la colaboración estrecha entre la verdadera familia de los portadores de la Luz, servirá para derrotar las hazañas de aquellos con intenciones oscuras. Recuerda siempre que las cosas trabajan juntas para crear aquello que se planeó hace mucho tiempo, pues los planes de Dios no pueden fallar. La duración y la complejidad de los eventos pueden ser alteradas, si aquellos que han sido situados en las posiciones de servicio vacilan en su fe y en la acción. Ninguno de los que han sido colocados carece de la habilidad para cumplir con sus misiones. Algunos vacilaran y quizá incluso fallen. Esto, por su puesto es una posibilidad, pero se han colocado refuerzos y las cosas avanzarán en Orden Divino. Si realmente confías en el conocimiento de que en verdad hay un plan global, una visión mayor, y que tendrá éxito, entonces tu propio valor y fe difícilmente desfallecerán. CONFIA EN EL PLAN Y NO PRESTES NINGUNA ATENCION A LOS DETALLES COTIDIANOS. ESTE CONOCIMIENTO SERA LA ROCA EN LA QUE ANCLARTE. TU ESTANDARTE DE FE.

No. 2

Comencemos este nuevo día en busca de un día nuevo. La gente de vuestro planeta se hunde cada vez más en el pantano de la depresión y la supresión. No llegan más que noticias de pesimismo y tristeza alrededor y debido a una falta de visión de la Luz, todo parece desvanecerse en la oscuridad. El foco de atención de los demonios de las actividades oscuras no resuelve el asunto. Para que la Luz triunfe sobre la oscuridad tiene que haber una visión de la Luz que se pueda traducir a una realidad reconocible. Usemos el nacimiento de los Estados Unidos como ejemplo. Aunque no podemos cubrir todos los detalles, podemos echar un vistazo al proceso tal como se conoce. Hubieron aquellos que se reunieron para imaginar algo que era diferente de lo que comúnmente estaban experimentando los habitantes del planeta en ese momento. No fue una sola persona la que creo esta visión, sino que fue una combinación de las inspiraciones que eran partes del todo.

Este proceso se tiene que volver a repetir. Hay quienes creen de entre vosotros, que debéis volver a lo que ya tenías antes. Dejadnos decir que ni siquiera eso resolvería los temas que tenemos entre manos. Los "padres fundadores" no tenían comunicación instantánea, Internet, métodos exóticos de vigilancia, artilugios bajo y sobre el mar al igual que tampoco armas espantosas de destrucción con los que lidiar. Habéis permitido que estos se crearan y aunque anheláis volver a una época más sencilla, la realidad es que o bien los domareis o bien os destruirán. Tenéis que mirar más allá de la necesidad de simplemente sobrevivir a los métodos de engaño diseñados para aniquilaros y soñar lo que queréis tener en vez del caos de la oscuridad. Es tan simple como esto, ya que si eliges simplemente resistir y solamente sobrevivir a los ataques del opresor, te estarás hundiendo cada vez más y más en la ciénaga. Sólo ascenderás a la cima con una nueva visión. Nosotros no os podemos dar esa visión. El libro de las Leyes Espirituales puede proporcionar algunas directrices, no obstante, la visión tiene que ser simple para ser poderosa. Debe ser visual en su simplicidad, de manera que la gente que ahora esta envuelta en oscuridad quede literalmente deslumbrada por su belleza y se sienta atraída por su simplicidad y claridad.

¿Y cómo lo vais a hacer? Un pequeño grupo no lo puede hacer solo. Se tiene que reunir un núcleo y mientras comienza el proceso, otros con la visión serán atraídos hacia él, de hecho serán literalmente enviados. El tiempo para comenzar este proceso no es más tarde a una hora conveniente, sino ahora. No hay tiempo que perder si tienes que realizarlo. El demorarse lo hará sólo más difícil y traerá más sufrimiento a los seres ya oprimidos. La ventana se cerrará literalmente en semanas si no se empieza ya. Se que estás atrapado en el proceso de esclarecer los detalles del caos, pero, ¿qué ha hecho eso para detenerlo? ¿Puedes ver suceder algo que realmente cambie la velocidad del declive? Entonces tienes que cambiar tu perspectiva. Mira en la dirección opuesta. ¿Eres parte del problema al observarlo o puedes, en vez, convertirte en parte de la solución buscando los cimientos del edificio que quieres construir?

Empieza a pedir en tus meditaciones quien serviría bien en este proyecto. Esto no es un proceso esotérico para gente que está buscando ayudar sin mojarse y quedarse al margen y observar. Este es un trabajo para visionarios realistas que posiblemente no sepan nunca la magnitud de trabajo que realmente están realizando, hasta el verdadero final. Esta gente será capaz de ver más allá del caos y reconocer la oportunidad. Yo supongo que vosotros diríais que son personas con un pie en cada mundo, personas capaces de mirar dentro de cada uno sin perder su equilibrio. En cuanto comiences a buscarlos te los empezarás a encontrar en tu experiencia de manera poco usual, tanto que no podrá ser casualidad. Reuniros en grupos de 3, 7 y 12. Este es el paso más importante que hay que tomar ahora, ya que en este momento toda la ayuda posible será brindada si es solicitada. Habrá muchas ideas que flotarán en el aire, pero sólo aquellas de valor tomarán raíces y el sueño se hará realidad, pero primero se tiene que concebir antes de que pueda nacer. No te tienes que sentir totalmente responsable por ninguna fase, sólo por la promoción inicial de la idea.

El momento es desesperado y los planes de Dios dependen de la gente de servicio. La toma de conciencia de la necesidad de cambio está bien establecida en la conciencia de muchos; ahora la visión tiene que ser plantada, para que pueda germinar y cumplirse. Que tu día sea bendecido con el Amor que es tuyo, pues eres Amor en manifestación. Es tu tarea y tú privilegio el enfocarlo para que Dios pueda presentarse en Libertad y Verdad en la experiencia de sus bienamados hijos.

No. 3

Es nuestra esperanza que el proceso que ha sido iniciado reúna un núcleo de tal compatibilidad que será una célula unida, que imitará literalmente el proceso de la división celular en el cuerpo. Dentro de este proceso, la propagación será bastante increíble. Recuerda que un bebé comienza con la combinación de sólo 2 células y se convierte en un ser de trillones en cuestión de 9 meses. Por la Ley de la Atracción, una Ley Universal, esto es totalmente posible. Evidentemente la naturaleza del bebé estará condicionada por la combinación del origen. Es la característica de éstos lo que tendrá un efecto profundo sobre el producto final. No te preocupes. Aquellos que no deben estar incluidos no lo estarán, pero hay muchos que si son apropiados. Simplemente relájate y permite que el proceso fluya, lo cual no quiere decir que esta fase todavía se haya terminado. Desde luego que no ha hecho más que empezar. El simplemente hacerte a la idea y considerar esta posibilidad no supone un compromiso. Tú eres de lo más importante en este nacimiento. Son aquellos con un corazón receptivo y que están dispuestos a empezar los procesos, los que son importantes. El carácter, el estar abierto a actuar más allá de los confines del momento presente, la habilidad de hacer y mantener un compromiso, el amor a sus congéneres más allá de ellos mismos, el deseo de elevarse por encima de los árboles para ver el bosque: estos son los elementos críticos de estos padres. A través de este proceso, el despertar del hombre será posible una vez más en la "familia del hombre". La habilidad del hombre para trascender el dilema actual que él mismo ha creado y crear un nuevo concepto de experiencia traerá consigo un cambio que no sólo afectará al individuo, sino a todos, y provocará un efecto dominó que se podrá sentir por todo el Universo/Cosmos. Ya sé que esto parece una misión demasiado grande para empezar solamente con 2, pero cada nuevo niño también es un milagro. Su comienzo apenas si es auspicioso. Sólo una masa de células que se dividen sin ninguna organización aparente hasta convertirse en un bebé en miniatura. Pero, en un momento milagroso, aparece la miniatura. Será la inspiración lo que iniciará el cambio en la conciencia del grupo enfocado.

La misión del proyecto es que cada nueva célula se siga dividiendo. ¿Y cómo va a funcionar esto exactamente? El primero se encuentra con dos. Y entonces cada uno se vuelve a encontrar con dos más, y entonces cada uno vuelve a encontrarse otra vez con dos más, hasta que hay 7. (3 más 2 igual a 5 más 2 igual a 7). Entonces ese grupo se encuentra y los 4 añadidos se dividen y crean sus propios 7. Y ahora en este punto, los originales pueden empezar de nuevo otro ciclo o retirarse. Cuantas más veces un individuo repita este proceso, más se acelera el crecimiento del ciclo. ¿Puedes ver ahora cómo la organización original puede crecer rápidamente sin poner en peligro el proyecto y a los individuos? En este punto es sólo el sueño lo que está siendo promulgado. Entonces el bebé toma forma en el punto crítico de mayor conciencia del grupo, y es cuando cambia el plan y los órganos por así decirlo, toman distintas formas en función de las diferentes funciones y necesidades para la creación del sueño. Ya que el foco va sobre la creación de una nueva experiencia, las armas no forman parte de este nuevo panorama y por lo tanto hay menos peligro. El foco no actúa como la resistencia ya que cualquier movimiento en dirección hacia el cambio no debe ser detectado por los procesos de detección tal y como lo han montado los opresores.

Te dejaré para que consideres lo que se te ha dicho hasta ahora.

No. 4

El miedo hace que se desvirtúe la capacidad de apreciar el maravilloso don de la vida. Asimismo, aumenta el sentimiento de separación y hace que aquellos que están envueltos en él pierdan su habilidad para percibir los cambios que están ocurriendo alrededor. Es como si se envolviera la conciencia en una capa oscura. De esta manera la oscuridad envuelve alrededor de tus congéneres de la tierra, sus planes insidiosos de subyugación y aniquilación.

Ahora es cuando empiezan en serio los movimientos de la Luz

para acabar con esta situación. Como todas las cosas, primero se empieza con el proceso del pensamiento y del deseo de terminar con esta situación. En este caso, el sutil y modesto comienzo pasarán desapercibidos. Las fuerzas de la oposición están plantando sus semillas de aparente invencibilidad por todas partes. Si esto fuese real, no necesitarían hacerlo a base de campañas psicológicas constantes. No te olvides de que ahora la humanidad se cuenta por miles de millones. En si mismo ya es un número sobrecogedor. Hay almas que están aquí como voluntarios para el beneficio de este planeta y estos seres se han encarnado aquí con el propósito de experimentar la siguiente ascensión o al menos de asegurarse de su éxito. No se irán de aquí sin su recompensa.

Recuerda que este es el juego. Es difícil hacer que se comprenda, pero en una obra lo único que tienes que hacer es cambiar los papeles para cambiar el alcance de la obra. Pues bien, tu eres un fragmento de la totalidad de la Creación y puedes empezar a cambiar el guión de la obra. ¿Suena demasiado simple? Pues puede que lo parezca desde tu perspectiva, pero desde luego que es tan sencillo como esto. Este proyecto involucra la formación de la entidad del grupo que puede cambiar los papeles o añadir un nuevo personaje, no obstante te interesa visualizar el proceso. Recuerda que una visualización comporta imágenes. Las palabras que emplees en tus contactos y con aquellos que pueden llegar a convertirse en los padres críticos de esta identidad, responderán a lo que estimule su imaginación y mueva sus emociones. Aprende de las elecciones políticas que han tenido éxito, que apelan a las emociones antes que a la lógica. Lo que funciona como instrumento de la oposición con la gente, también te puede funcionar a ti. El acercamiento lógico comporta mucha retórica, pero lo que se puede visualizar y despierta emociones incita a la acción. Y aquí lo que se necesita es acción, no reacción. El recurrir a las armas para ir en contra del plan de aplastar a la humanidad está condenado desde el principio. Aunque el hecho de que los ciudadanos del (este) país (U.S.A), todavía mantengan sus armas, quiere decir que aún mantienen su libertad. Cuando estas les sean retiradas, entonces verás la verdadera apabullante gravedad de lo que los rodea, será la demostración. Así que el tiempo apremia. Nuestra intención no es insistir una y otra vez, pero hay ventanas de oportunidad que hay que aprovechar ya que suponen una ventaja a nuestro favor y proporcionan una oportunidad mayor de éxito y con menos sufrimiento para un mayor número de gente.

En la medida en que lloras por aquellos que están sufriendo, déjame que te asegure que el número de almas que se encarnan en este planeta dificulta enormemente sus planes. (Date cuenta de que evito usar ciertos nombres, y tú harías bien en hacer lo mismo después de todo, pues se supone que en tu círculo ya se debe conocer la identidad exacta de estas fuerzas.) Ellos conocen muy bien su papel antes de encarnar. Evidentemente, ahora no se acuerdan, pero vienen para asegurar el éxito del proceso de nuestra misión. ¿Te asegura esto de la importancia que tiene la tierra en el esquema total del panorama global? Yo creo que si.

En los encuentros iniciales de los pequeños grupos, difícilmente habrá una única visión que sea igual de atractiva para todos, así que para guiaros yo os sugiero lo de; "pedid y se os dará". Surgirá una imagen que proveerá de la suficiente fuerza cuando la participación alcance una etapa crítica. Esta diversidad ayudará a ocultar este proceso. Estás bien conectado, así que no debes preocuparte por este aspecto. Usa la visualización del juego de dominó en donde las fichas están colocadas en posición vertical y con un patrón ordenado, y que cuando se hace caer una, todas las demás fichas le siguen con una progresión y a una velocidad vertiginosa. Es de gran aplicación en el asunto que nos traemos entre manos y aporta un distintivo a su planeado proceso.

No. 5

Es el resistirse a reconocer la situación y la resistencia a ser responsable de cambiarlo, al igual que el sentimiento abrumador inducido, lo que bloquea la participación de la mayoría. La disposición a tomar responsabilidad en la conducta personal para cambiar el enfoque de la percepción se haya enterrado bajo las ocupaciones y actividades frenéticas de la existencia diaria. Los individuos encuentran consuelo en sus excusas para no enfrentarse a los signos crecientes de la opresión que se avecina. La meta se haya en derribar esta línea de resistencia y en conducir a cuantos más mejor hacia el nuevo patrón de Vida planeado. Aquellos de planes oscuros se han enfocado en abrumar a aquellos seres humanos que hayan planeado

cualquier tipo de resistencia y han preconcebido otros planes que ya
están listos y dispuestos para aplastar esta resistencia. Sin embargo,
no hay ninguno para el devenir de una nueva visión. Y esto nos deja
a nosotros vía libre, de hecho es la oportunidad ideal. Nuestro plan
no consiste en arreglar lo viejo, sino en crear lo nuevo.

(Siempre habrá la repetición de ciertos pensamientos habituales
que están arraigados, pero por suerte no hasta el punto de dar nauseas)
La habilidad de hablar, y por su puesto de pensar discretamente sobre
los temas de aquellos con planes que se oponen a la voluntad de la
Creación, supondrá una ayuda y conferirá un particular estilo a la hora
de referirse a ellos. Cuanta más variedad haya a la hora de presentar
el tema que se está discutiendo, mejor. Para los individuos que están
enfocados es fácil "ir al grano", pero no servirá a largo plazo.

Sería apropiado el puntualizar que el alcance de este proyecto
no siempre seguirá una aparente evolución en progresión lineal. El
Orden Divino se "ordena al día". Ya que el Orden Divino no sigue
en absoluto la idea que tiene el hombre sobre la secuencia que tienen
que tener las cosas. Habéis establecido a nivel interior e inconsciente
ciertas reglas que otorgan un "orden secuencial" a vuestra experiencia.
Las fuerzas de Dios no tienen que seguir ninguna secuencia para
estar organizadas. Por lo tanto, es importante que cuando el proceso
haya sido iniciado y haya alcanzado su punto crítico, confíes en que
se cumplirá por si mismo sin la necesidad de que el ego que tan
bien conocéis quiera controlar el proceso. Esto es imperativo, no
abandones tu propio sueño.

Nuestro esfuerzo de mutua cooperación y esto es de lo que
se trata, debe empezar, continuar y acabar siendo un enfoque que
visualiza la meta ya cumplida. Es la composición de los sueños de lo
que un mundo utópico podría ser, lo que cada uno verdaderamente
querría experimentar, lo que hará que esto se manifieste y ocurra. Y
esto es justamente lo opuesto de la resistencia que se espera. ¿Cuánto
tiempo le dedicáis durante el día a "soñar este sueño utópico"? El
soñar despierto para sobrevivir es bastante común entre el grupo de
gente con el que contamos para llevar a cabo este proyecto e iniciar
el proceso formativo. Asumimos como parte del sueño el que existan
fuentes de energía libre que sean compatibles con la tierra, ya que el
tener que sacrificar los lujos y la vida cómoda no apetece en absoluto
como resultado de la liberación de la opresión. Este es el precio que se

supone automáticamente que se tendrá que pagar por dicho cambio. ¿Habría comodidades en este nuevo paradigma? Probablemente serían comodidades distintas, pero dudo de que nadie se arrepienta de haber renunciado a la situación actual. Esto es otra vez el proceso del pensamiento de "resistir o retroceder hacia atrás" que hay que abandonar. Que lo que deseas hará que tu experiencia sea muchísimo mejor es un hecho y debería ser asumido como tal. También debería ser asumido el que quizá durante un corto periodo de tiempo se pueda sufrir para que este cambio se pueda dar, pero puede ser mucho más corto de lo que os imagináis. Cuando este proyecto tan crucial se haya cumplido, nuestra ayuda no sólo está permitida, sino que será un mandato. Es el comienzo de las discusiones de las "mentes unidas pensantes" lo que provocará el principio del cambio, de la esperanza a la expansión de un grupo cada vez más y más grande. Piensa en una piedra lanzada a un estanque. Las ondas se expanden hacia fuera hasta alcanzar y afectar una superficie cada vez mayor. Nosotros nos referimos a él como el punto de la masa crítica, vosotros os referís a él como "la teoría de los 100 monos". Y ahora piensa en el grupo contra-pensante que tiene que enviar las ondas desde fuera hacia el centro. Y recuerda que lo que están creando no está en armonía con las leyes de Dios. Su concentración está dirigida hacia la contención, mientras que vuestro enfoque está dirigido para difundir estas ondas hacia fuera. Y ahora, ¿cuál crees que funciona mejor? Cuándo estas ondas se encuentran, ¿qué es lo que ocurre? Si estáis en el mismo estanque, ¿cuál es el que probablemente aplaste al otro, y especialmente si la piedra que ha sido lanzada se está agrandando cada vez más y más, como si fuese a cámara lenta?

Recuerda que hay efectos vibratorios que vosotros no podéis ver, que son y serán manifestados en la existencia. Cada vez que el patrón de pensamiento se enfoca hacia la meta, ésta es intensificada. Y cuanto más se intensifica más magnética se vuelve y por atracción se empieza a construir. Difícilmente vas a sorprender a aquellos con los que contactes. Y lo que probablemente oigas más es que ya estaba en sus pensamientos, solo que todavía no se habían molestado en buscar y profundizar en las implicaciones. El proceso se volverá muy atrayente y desafiante cuando empieces a soñar en las maneras de usar los mecanismos colocados para el uso de aquellos de intenciones oscuras. ¿Acaso no suena intrigante? En vez de destruir y resistir, se podría utilizar algo de lo que ellos disponen para vuestro propio beneficio. Tenéis poderes para enfocar que son capaces de muchas cosas cuando hay participación de grupo y cuando se añaden algunas innovaciones de cosecha propia. ¿Te acuerdas del tubo que envía vibraciones a los cultivos en los campos? ¿Alguna vez te has preguntado de qué otra cosa es capaz? Te puedes sorprender. Incluso el sonido arraigado en las cintas de música de Dan Carlson para que crezcan las plantas puede ser interesante en presencia de sus vibraciones enfocadas. Y ahora sólo un pensamiento o dos sobre lo que ya disponéis.

No. 6

La luz empieza a cambiar su enfoque a medida que lo hace la ventana en profundidad, ya que se irán añadiendo capas de intención y actividad. El enfoque se vuelve más intenso ahí en donde es más deseado. Esto ahora puede ser una ventaja ya que puede hacer que el foco tenga más claridad. El que te parezca que la capa de oscuridad se vuelve más intensa tiene sus aspectos positivos. El que el nudo se esté apretando cada vez más no le pasa tan inadvertido a las masas como te imaginas. Se empiezan a despertar sentimientos intuitivos. La masa crítica de la conciencia se está despertando, y el otro lado es bien consciente de esto. Recuerda que hay un eslabón débil en su plan. Le van a pedir a su ejército que se vuelva en contra de su propia gente, y desde luego de su propia familia y amigos. Este es el punto clave, ya que habrá reacciones que no se pueden predecir. Y esto permite que se abran brechas en su plan. Y aunque puedas considerar que son de menor importancia, éstos pueden suponer una gran ventaja, ya que el foco Luz, a veces sólo precisa de un único instante.

Nuestro plan no será uno de resistencia, sino que será la manifestación de una inspiración, una visión fruto de la mente de muchos. Cuando vean la imagen de lo que con tanto cuidado se ha planeado para ellos, y les resulte lo suficientemente repulsivo, ¿no crees que se volverán con entusiasmo hacia una visión que les emocione? Recuerda que habrá aquellos que elegirán lo contrario. Habrá una división. Habrá suficientes que habrán sido vencidos o que se habrán perdido en el deseo de experimentar el repertorio que se les ha ofrecido a través del bombardeo continuo de los medios. Esto es algo con lo que te tendrás que enfrentar, al igual que lo tendrán que hacer todos aquellos que se unan a este plan para trascender lo decadente y dar a luz esta nueva oportunidad. No todos elegirán unirse, y aquí es donde tendrás que reconocer la libertad de elección que se le ha otorgado a cada uno para experimentar. No se trata de que tu corazón se endurezca, sino más bien el de tener una actitud de aceptación. Recuerda que no existe la muerte. Sólo el final de una experiencia y la eternidad es incomprensible. No os compete a ninguno de vosotros el juzgar el sentido que las experiencias tienen en su totalidad para cada Alma. El Alma atrae hacia si una composición y hace de estas experiencias patrones que deslumbran la imaginación. La danza de la dualidad, entre la oscuridad y la Luz si queréis, son parte del juego.

No te desanimes, pues habrá aquellos que te sorprenderán. Es tu cometido desde tu perspectiva más limitada, el cuidar y observar que la visión se vaya desarrollando y manifestando en la creación. También esto será fascinante. ¿Cómo lo harás? Será difícil al principio, en la fase del nacimiento, ya que al inicio de proceso de la creación del bebé apenas si se parece a nada más que a un amasijo de células que se están dividiendo, con ninguna organización aparente. En el punto más crítico, todos esos cambios se darán milagrosamente y se manifestarán en la forma. Y entonces el reto consistirá en prevenir el aborto, el cual se convertirá en un enfoque dual. No obstante, también eso se podrá manejar. Recuerda esto: en el momento en que comenzáis a ayudaros a vosotros mismos, más y más cooperación de las distintas formas de la Luz manifiesta llegará para asistiros, en maneras que ni incluso yo, puedo llegar a imaginar y que posiblemente ninguno de nosotros lleguemos a comprender jamás. Será el estar enfocado en la visión lo que atraerá esta ayuda hacia el éxito.

Nosotros podemos continuar presentando os esta información, pero también puede haber discusiones. Se pueden hacer preguntas siempre y cuando sean pertinentes al tema y al proceso en que estamos ahora. Las adivinaciones no están permitidas. Solamente el enfocar en una etapa cada vez. A medida que el plan se vaya desplegando y en cuanto el momento se acerque, se os revelará a cada uno de vosotros vuestras distintas funciones. Todavía no existe ninguna visión concreta, excepto un débil esbozo que ha sido trazado gracias a la influencia de las Leyes Universales. A la hora de rellenar estos esbozos, estos les serán dados a conocer a los padres fundadores de una manera muy simple. LA NUEVA VIDA será la "orden del día" para todo el proyecto. ¿Y cómo será posible si hay tantos que contribuyen con su visión al proyecto? Confía en el proceso. Ahora el planeta está experimentando en un nivel que es completamente diferente al de la época en el que los "padres fundadores" de los Estados Unidos vivieron siguiendo el mismo camino. Observa esta vez que son "padres fundadores", y esto en si mismo acarrea un aumento del nivel de la experiencia. Ambas energías estarán presentes y esto conllevará un foco con el doble de energía. La última vez, las mujeres supieron y ofrecieron su apoyo, sin embargo no se les permitió contribuir directamente, sino que su influencia se redujo a una influencia externa. Esta vez ninguno dominará, ya que la visión debe ir más allá de semejante egoísmo y crear una totalidad sinérgica.

Llegado a este punto no os tenéis que preocupar por la manifestación de su plan. Lo conocéis y lo estáis esperando y del mismo modo lo tenéis que ignorar. Vuestro enfoque tiene que estar en el presente y en lo que se tiene que hacer. Si lo que haces ahora pone en peligro tu vida, quizá que pienses en cambiar de planes y hacer algo diferente. Quizá no en este momento, pero si pronto. Puede que el ciclo de la actividad de la superficie esté llegando a su fin. Simplemente es una sugerencia a tener en cuenta, aunque ya habéis pensado bastante en ello. Os lo dejamos a vuestra discreción. Se permitirán las actividades de las empresas que no levanten una gran marejada. Se presentarán oportunidades para que las consideréis.

El viajar todavía será seguro durante algún tiempo. Si pierdes un avión o se cancela un vuelo tómatelo con calma. Puede que en retrospectiva haya aparentemente muchas razones por las cuales no debas viajar en ese tipo particular de trasporte. Cuando el viajar ya no sea seguro, lo sabrás. La intención de tu enfoque debe estar ahora concentrada en trabajar dentro de las actividades del proceso de la paternidad de la nueva humanidad.

No. 7

Se está haciendo mucho ahora por demostrar la verdad de la afirmación de que el mundo invisible es más real que el que es percibido por la conciencia de las masas del planeta. Estas demostraciones concretas de la naturaleza de este efecto causal invisible no sólo son un estimulo para la conciencia, sino que brindan la oportunidad de usar este conocimiento como un estímulo y un acicate para la visión de proceso que estamos empezando a crear juntos. (¿Y por qué hablamos de este tema?), pues porque ayuda a sacarlo del reino del deseo y a comprender que hay una manera de contrarrestar "sus" métodos sin tener que adoptar los suyos. El trabajo que se tiene que hacer no es al nivel de la 3ª dimensión, con la resistencia, sino como ya he recalcado antes, al nivel causal para crear un enfoque totalmente nuevo. La realidad de la posibilidad de este proceso ya ha sido demostrada en campos que indican que se pueden adoptar y enfocar estos procesos de acuerdo a las necesidades. Y el éxito de estas "teorías" ya demostradas añade el elemento inspirador que se necesita para llevar a cabo el proceso de este nacimiento. Se recomienda que aquellos que se animen a unirse al proceso del nacimiento en un futuro inmediato retengan bien estos "mensajes". Esta gente enseguida verá la correlación de todo esto, aunque por supuesto ya hay algunos que ya son conscientes en parte o en su totalidad de esta información. Se necesita tener un conocimiento básico de los dos lados de las fuerzas que están presentes, y la información está disponible y es necesario que lo conozcan aquellos seleccionados para ser los padres de este proceso. Es una debilidad humana el asumir que lo que sabe uno también lo saben todos los demás. No son necesarios los detalles, pero si tener una visión general y el disponer de un "catalogo" que contenga una información bien documentada para aquellos que no estén familiarizados y deseen una comprensión más profunda.

Evidentemente los procesos mencionados en estos "mensajes" son bien conocidos por aquellos que están involucrados en estas amplias investigaciones, los cuales están luchando simplemente para que estos se den a conocer, pero no para crear una situación que sea del dominio público. Llegados a ese punto su existencia supondría una seria amenaza para aquellos poderes que asumen su invencibilidad. Y si el nudo se apretase más, estos entonces se encontrarían en una situación bastante difícil. No se podría enfatizar más en lo importantes que son. Esta es una realidad que hay que conocer, ya que es necesaria para asegurar el éxito y el entendimiento de que estas realidades vibratorias más elevadas necesitan ser literalmente "precipitadas" en la experiencia de este planeta. A medida que los "mensajes" se van revelando, la zona confortable de la mente se puede sentir amenazada y puede generar reacciones violentas, no sólo en los círculos de la oposición, sino entre el público general. La oposición y los que están en los niveles más altos saben perfectamente que su operación está amenazada por un posible colapso desde dentro hacia fuera. La conciencia de la masa simplemente está reaccionando como el reflejo condicionado del "perro de Pavlov" y es que pensar en las posibilidades no es aceptable.

Y aquí es donde se haya la necesidad de ser cauteloso en este proyecto hasta que se haya alcanzado la masa crítica. Y esta es la razón del porque se tiene que abordar el tema a nivel personal con el contacto de boca oreja para conocer a esos individuos que luego a su vez se acercaran a aquellos otros con una adecuada conciencia compasiva y que también desean que la situación cambie. La habilidad para identificar estos cambios más allá de la experiencia de los 5 sentidos es de suma importancia al principio de este proceso de paternidad. Lo que no es importante en esta primera fase es el número de personas que estén involucradas, sino la calidad de la conciencia de las mismas. Lo que es de suma importancia es la habilidad para pensar en las diferentes posibilidades, la transparencia y claridad para expandir la conciencia, y la facilidad para asimilar y proponer nuevas síntesis de lo conocido y lo desconocido. En otras palabras, el saber elegir con cuidado. Y teniendo esto claro en la mente, la proliferación se cuidará de si misma. La claridad de las primeras combinaciones creará el marco para todo el proceso.

No. 8

Es muy interesante ver como el poder del pensamiento nos ha reunido en un mismo punto de encuentro de la conciencia. Esto es un proceso con una intención que está enfocado hacia un propósito común. El unirnos con un mismo propósito e intención es lo que produce la magia de la manifestación compartida. Y esto es evidente en el mundo que percibes a tu alrededor tanto en su forma positiva como negativa. Y ahora el plan consiste en elevar este proceso a un nivel más alto, ocuparse de los procesos conocidos para que luego puedas explorar el proceso de la manifestación. Es la intención lo que trae el conocimiento para poder realizar esto con ventaja y por lo tanto ser conscientes de los elementos fundamentales que aseguren la realización y el éxito del proyecto. Para realizar esto no es necesario tener una fe ciega en un proceso desconocido. Esto provocaría un nivel de desgate que aseguraría el fracaso. Es cuestión de que los datos estén disponibles para la conciencia consciente y de permitir que estos se digieran. La inspiración para poder aplicar todo esto vendrá y podrá ser comprendida. La manifestación no es una combinación caótica y fortuita de encuentros sincrónicos. Ya existen procedimientos específicos ubicados correctamente y listos para ser utilizados. Es una cuestión de traerlos a la conciencia intencionadamente y entonces las imaginaciones creativas desencadenaran las aplicaciones apropiadas. En este proyecto, el confiar simplemente en "la suerte", es demasiado arriesgado.

Y aquí de nuevo se hace hincapié en saber tomar las elecciones apropiadas para la operación de la paternidad. No deseamos repetir esto hasta la saciedad, pero es que es de suma importancia.

Lo nuestro es una combinación de masajes y estímulos sobre vuestras conciencias (plural) y vuestras preocupaciones sin llegar a provocar pánico. Y estamos viendo que es una habilidad de lo más gratificante. Se trata desde luego de provocar los resultados deseados. No sois los únicos a los que se les está aplicando este proceso. Simplemente tenéis que saber que todo lo que se puede hacer a este nivel, se está haciendo. Es desde el verdadero movimiento y desde el punto de inercia que se permitirá que lo que esté detrás del escenario pueda salir en auxilio para que este plan salga adelante. Recuerda que el proceso del nacimiento comienza con la danza de deseos y culmina en un aparente milagro a través de una serie de procesos que permanecen durante la mayor parte del tiempo fuera de la conciencia consciente. Estos procesos no se dan por azar, sino que las múltiples y complicadas interacciones proceden con un orden exacto y minucioso. Si había un plan original para un acontecimiento tan natural como este, entonces, ¿acaso no crees que se disponga también de un plan para un acontecimiento tan importante como el que nos traemos entre manos? Y si no necesitas conocer las funciones relativas al proceso del nacimiento de un niño para que este se complete, entonces ¿necesitas acaso saber todos los procesos que van a ocurrir en este proyecto? El proceso del nacimiento humano no ocurriría si no se hubiesen realizado ciertas acciones físicas para iniciar su comienzo.

Lo que aquí queremos resaltar es que lo que tenéis que comprender es que no vais a guiar todo el proceso hasta su final. Tampoco queremos que penséis que se os dejará fuera del proyecto una vez haya sido iniciado. Desde luego que se os incluirá, pero en maneras que por ahora, ni siquiera podéis imaginar. En este caso os animamos a que confiéis en el proceso y a que continuéis estando disponibles, pues se os necesita a todos. No has firmado un contrato para una misión a corto plazo.

Continuemos ahora y avancemos hacia otros temas que por su puesto están también relacionados. Es importante mantener el equilibrio mientras el entendimiento de este compromiso para la trascendencia del planeta y sus habitantes se expande. Debes saber que no es el compromiso de una sola persona, sino el compromiso acordado de innumerables seres que no son ajenos al proceso. En este caso, la energía de este planeta en particular ha alcanzado un nivel de densidad tal, que verdaderamente se ha convertido en un gran desafío. Pero después de todo, tienes que saber que todos vosotros crecéis con los retos y esto no es ninguna excepción. Sin embargo, esta vez no es un juego, ya que el fracaso supondría serias implicaciones más allá del mero sufrimiento de los seres encarnados. Y por supuesto, esto ya lo sabéis a un nivel muy profundo, así que no pretende ser una amenaza. En este caso, se nos permite una mayor discreción para asistir y lo estamos expandiendo y ampliando al máximo para poder iniciar este proyecto. Se ha destinado mucho tiempo a planear la metodología para cubrir las contingencias, ya que el arte de la improvisación no se limita sólo a la experiencia en la 3ª dimensión.

Es sabido que en aquellos reinos pertenecientes a los que se presentan a si mismos como lideres para resistir los cambios que han sido planeados, existe una cierta falta de sinceridad. En este caso, o bien estos se verán envueltos en otras actividades o bien tendrás una clara certeza sobre si deben ser incluidos o no. Puede que la identidad de algunos de ellos aparezca por sorpresa, pero una vez más te digo, que vosotros estáis conectados hasta tal punto que llegado el momento, si fuese necesario, sabríais cuando ser cautos. La mayor parte de lo que incluimos hoy en este contacto ya lo conocéis, sin embargo no os podemos revelar los detalles por dos razones. Todavía no han sido colocadas las secuencias adecuadas y esta vía de comunicación no se haya todavía a un nivel en el que éstas puedan llegar. Se está haciendo todo lo posible para preparar esta última fase de manera que haya una coordinación de todos los elementos. De nuevo, os pedimos que tengáis paciencia y que confiéis en el proceso, aunque parezca muy repetitivo a veces. Y como decís vosotros, simplemente hay que perseverar.

No. 9

La situación es esta. El tiempo es el elemento primordial para reorganizar la colocación de las cosas en la 3ª dimensión. No obstante el velo entre dimensiones se está estrechando. A medida que aumenta la conciencia y la disponibilidad para usar los procesos de la 4ª y la 5ª dimensión en este reino de la 3ª dimensión, este velo comenzará a estrecharse cada vez más. El nuevo enfoque debe incluir elementos de las dimensiones más elevadas. ¡Y cómo hacer esto! El pensamiento se mueve entre dimensiones siempre y cuando el pensamiento se encuentre en esos parámetros dimensionales. En los parámetros de la 3ª dimensión se permite el interferir con la evolución de otros, al igual que está permitido el imponer la voluntad de uno sobre otro. Por encima de esta dimensión, lo único que está permitido es la libertad para evolucionar sin esta interferencia. La responsabilidad personal es la tónica principal de la existencia. Contrariamente de lo que parece, la conciencia de la masa por falta de desarrollo a este nivel, está ahí, lo que simplemente está sofocado por el aluvión de técnicas de control mental. Sin embargo, estas técnicas no son lo efectivas que pudieran parecer. Si lo fuesen, no sería necesario el despliegue masivo de control a nivel físico. Y si lo fueran, entonces tampoco habría ningún problema con respecto a lo que hacer a la hora de abordar el tema según ellos de la súper población. Habría masas de gente como borregos tirándose al mar. Y lo que se está convirtiendo es en una marea ascendente, es decir, el sentimiento de fondo de la gente que empieza a anhelar esta libertad personal.

A través de la movilidad laboral en vuestro país, la gente ha descubierto que puede crear para si misma nuevas oportunidades, a pesar de que parece que se está en un sueño de "comunicaciones" poco productivo. El éxito dentro del fracaso planeado, ha hecho que se despertara la urgencia creativa en muchos y que proliferaran negocios con la oficina en casa. Es éste vislumbre de un posible éxito personal lo que ha aumentado repentinamente en vuestro país, incluso entre los más oprimidos, nos referimos a los receptores del bienestar social. Esta información no ha permanecido sólo dentro de las fronteras de este país. Siempre ha estado vivo en países de gran pobreza. Si no fuese por esto, muchos ya hubiesen perecido de hambre hace tiempo.

Este anhelo por la libertad se desplegará como un abanico y se convertirá en un resplandor tal gracias a la simplicidad de la visión soñada. Será esta nueva concepción lo que elevará los espíritus de aquellos que están dispuestos a escuchar, y la elevación será literal. La oración interna de los corazones anhelantes será respondida y su reacción no será detenida. No se puede alcanzar esto con los métodos de la 3ª dimensión, ya que aquellos que lo intenten se quedarán atrás, desamparados e indefensos tal y como ha sido planeado para la gente por la oscuridad. Una vez se haya alcanzado el punto crítico en la conciencia de la gente, la ayuda y el respaldo del nuevo paradigma hará que el planeta entero avance como un todo. Para los soñadores de la nueva era la "ascensión" será un vuelo individual hacia las nubes, pero esto será un verdadero cambio planetario. En vuestra Biblia se menciona a dos que están de pie en mitad de un campo y sólo uno es llevado. La persona que crea en el sueño de la nueva humanidad con todo su corazón lo acompañará.

Los padres de este sueño deben comprender que se tiene que trascender los parámetros de la 3ª dimensión y que el pensamiento tiene que estar enfocado en las esperanzas más elevadas de una nueva dimensión. El tener confianza en la responsabilidad personal de sus ciudadanos será la clave para los fundamentos de esta nueva percepción. Es la contraseña, por así decirlo, para entrar en esta nueva experiencia. Se deben practicar la honestidad y la sinceridad sin lugar a dudas. Al traducir el salmo 23 se malinterpretó el significado de la palabra "rectitud" al que se le confirió un significado erróneo, una actitud de juicio y en particular, hacia las acciones de los otros. Y sin embargo, lo que quería decir es que cada uno tiene que ser responsable de si y vivir correctamente dentro de sus actitudes de vida y acciones según su enfoque personal. Y entonces resultará que no funcionará el jugar a juegos inapropiados si nadie más juega con esas reglas. Ya no puede haber victimas ni mártires si nadie juega a ese juego. Esto puede que suene muy simple considerando el caos que te rodea, pero esta es la diferencia. Este es el salto que tienes que hacer, el asumir que la humanidad tiene el potencial y una masa critica que está lista para asumir este cambio de percepción. El motivo de beneficiarse a expensas de todos los otros desde luego no conduce a la Utopía. El hombre en su verdadera esencia es un ser radiante, creado con sentido para manifestar y expresar el Amor del Creador, y no para vivir como un usurpador con la única intención de quedárselo todo para él tal y como ha sido descrito por la experiencia materialista. El experimentar esto le ha dejado vacío e insatisfecho. Esto será la oportunidad para experimentar lo que de verdad le puede satisfacer y hacer que rebose la copa de su corazón.

 ¿Y cómo puedes pintar esta visión con el color de la emoción que magnetice a todos aquellos que lo escuchen y quieran sumarse al movimiento hacia ello? La intención será el ingrediente alquímico, y el Amor de los hijos del Creador será lo que untará la mantequilla sobre el camino, para convertir un viejo adagio en un nuevo enfoque. Se puede hacer, y se hará, ahí donde podáis depositar vuestra confianza y vuestro enfoque de vida. Los vientos etéricos del cambio ya están en movimiento y el momento se está fraguando. ¿Y en primer lugar, de verdad crees que hay algo, que pueda oponerse o rebelarse al Creador del juego? Simplemente no es posible. ¡Bienvenido al lado ganador! Pues bien, ¿acaso no es un recibimiento maravilloso?

 Este parece un punto lógico para finalizar este intercambio de pensamientos. Abrid vuestros corazones y sentir el amor que se os está brindando por vuestra confianza y aceptación en nuestro camino mutuo y compartido, en esta maravillosa gran aventura de aventuras. ¿Cómo lo vamos a sortear? Todavía no podemos saberlo.

No. 10

 La película "Estado de sitio" con Denzel Washington (1998) contenía potentes mensajes subliminales. Sólo un punto, recuerda que usan la constitución para resolver el problema. No obstante, su intención es emplear órdenes ejecutivas, de modo que no haya en la constitución, juez alguno con la suficiente autoridad como para ir en contra de la organización oscura. El darse cuenta de eso provoca que la gente se desmoralice rápidamente. Eso supuso la administración de otra gran píldora para dormir, mayor de lo que imagináis. El pedir protección y discernimiento es bastante efectivo y será de lo más útil a medida que la situación vaya avanzando. Será algo que tendrá que hacer cada uno individualmente, y no algo que pueda hacer una sola persona para todo el resto del grupo. Una vez más nos remitimos a la ley de la responsabilidad personal.

Te interesará saber que la conciencia planetaria está cambiando. Comparémoslo con un patrón respiratorio. Es como si el planeta estuviese cambiando sus intervalos regulares de inhalación y exhalación por un patrón irregular de inhalación más profunda, como si comparásemos la exhalación a la reunión interna de energías. Este es un área en nuestras discusiones que no ha sido todavía abordado. El planeta también participará en el plan para cambiar la situación. Recuerda que todo lo manifestado a todos los niveles es el resultado de la proyección del pensamiento en el éter maleable (lo que llamáis potencial creativo), y que el pensamiento interactúa consigo mismo en su habilidad para mantener el equilibrio.

Ya puedes percibir como estás empezando a experimentar un enfoque distinto en forma de vibraciones energéticas que cooperan. Esto tiene el potencial de sincronizar la conciencia de los habitantes y la del planeta para que se puedan fundir y formar un todo. Quizá esto te permita empezar a entender el porqué insistimos tanto sobre la importancia que tienen las células paternales siendo éstas la conciencia que producirá este grado de fusión a nivel vibratorio.

Habrá un aceleramiento de las conexiones emocionales que están latentes con la conciencia planetaria, no con esa parte que sufre debido al egoísmo y la avaricia infringidos por la humanidad, sino con aquella parte que desea conscientemente un cambio hacia una nueva experiencia. Recuerda que ésta no es la primera civilización que ha experimentado aquí en la tierra, y que tampoco conoces la historia de los escenarios anteriores. Al igual que tu experimentas y aprendes, también así se vuelve a repetir en la evolución del planeta en su totalidad. Y aquí es donde puedes empezar a ver el apresamiento de la energía que está ocurriendo ahora. Cuando se libera una brecha en esta presa y en una dirección en la que la totalidad de esta energía se puede combinar cohesivamente, entonces puede haber una liberación como cuando se tira de la cadena, que eliminará la infección y que provocará una sanación de proporciones increíbles. Al igual que un viaje comienza con el primer paso, así también empieza esto, con un agujero pequeñito en la presa gracias a la formación de las primeras células del proceso del nacimiento.

Todavía no está claro cual será la participación planetaria exacta, ya que depende de la fusión de la energía de los padres y la de la parte del proceso que corresponde a la contribución de la humanidad. Esta es la llave que abre la cerradura de todo el proyecto. Nosotros, por su puesto, hemos observado varias posibilidades de posibles combinaciones energéticas similares a las proyecciones de vuestros ordenadores y hemos encontrado que cada una de ellas puede manifestar una gran cantidad de combinaciones diferentes y de posibles reacciones. Cada una de ellas conduce a una conclusión final similar, no sólo en las combinaciones diferentes de elementos similares, acciones y reacciones, sino también con la combinación de elementos diferentes, acciones y reacciones es su totalidad. Por esta razón no se pueden llegar a ninguna conclusión definitiva desde esta perspectiva. ¿No es interesante? A nosotros nos lo parece. Así que, cuando las selecciones se hayan realizado y las primeras células comiencen a trabajar en la creación del "sueño" de los posibles escenarios, todavía no será posible el proyectar mucha claridad hasta que el escenario soñado aparezca claramente en las mentes de estos grupos completamente.

¿Podemos nosotros guiar este proceso basándonos en nuestros análisis de los distintos pronósticos? Ojala pudiéramos, pero no puede ser, ya que eso supondría una interferencia inaceptable. En este caso, la guía tendrá que provenir de una Fuente Superior a la nuestra. No hay ninguna duda de que lo más Elevado de lo más Elevado está absolutamente interesado en lo que está ocurriendo aquí y que esa Fuente estará disponible exactamente y a su debido tiempo para la ayuda que se necesite. Se les permitirá a estas cabezas pensantes en miniatura del planeta, jugar con varias posibilidades, no obstante el solicitar ayuda de la Fuente más Elevada, sin duda alguna supondrá una aportación muy poderosa para completar el proceso. Os puedo asegurar que Este Nivel conoce a la humanidad a la perfección y en lo más profundo y recóndito de su corazón y guiará en el proceso, pero primero tiene que haber un movimiento que vaya más allá del deseo y una proyección activa del pensamiento con el propósito de manifestar esta nueva experiencia. Después del sueño creativo de las distintas posibilidades, entonces le sigue el proceso de enfocar resueltamente para colocar el contorno del esqueleto en el lugar que le corresponde. La gran recompensa será el poder colorearlo con los detalles de la experiencia de eso que hayáis creado. El gozo y la alegría de esta parte del proceso serán verdaderamente increíbles.

No. 11

El mantra de este proceso tiene que ser "!En Dios confiamos!" No puedes confiar en la manifestación de las creencias conscientes de la masa. Las semillas de la muerte para tus semejantes humanos ya han rebasado con mucho la fase de sembrado y están brotando y creciendo rápidamente. Solo hay una "salvación" para esta trampa. Y está en el servicio hacia, y en la total y absoluta confianza en el camino a través de esta situación. No hay una salida; solo hay una salida a través de. La diferencia es sutil y no es aparente, y sin embargo es de gran importancia. El salir implica resistencia, mientras que a través implica movimiento a través y hacia una meta mayor que se encuentra más allá. Y al igual que uno no sale simplemente de un puerto de montaña (desfiladero), sino que tiene que atravesarlo, también tu tendrás que identificar la sutil diferencia y como aplicarlo. La humanidad tiende a caer en el sueño de la aparición de un gran líder con una conciencia muy determinada que emerge para dirigirlo fuera de este o cualquier otro dilema. Simplemente no puede scr. Debe ser gracias a la inspiración para visualizar un estilo de Vida que llene el vacío que les ha dejado a cada uno de ellos en su conciencia los dogmas políticos, científicos y religiosos del pasado y presente. La comprensión de que sólo su propio deseo de participar, seguido de una decisión personal consciente, será lo que los conducirá a través de esta experiencia hacia lo que les aguarda más allá. El hombre es un ser aventurero y amante de los retos. Este deseo por la aventura personal ha sido desviado hacia el falso deseo de seguridad, y la garantía de un riesgo limitado (seguros). ¿Recuerdas los carteles de la marina que iban dirigidos a los hombres jóvenes ofreciendo aventura y el poder navegar hacia puertos desconocidos, sólo para acabar con pistolas de madera custodiando un recinto con una verja metálica como lo hacía Bill Cosby? El combate militar se presenta como una actividad de "aventuras", pero no a nivel de responsabilidad personal. Cada una de las actividades ha sido planeada por las múltiples capas de oficiales, no por el propio individuo. Aunque los héroes militares son aquellos que en momentos de necesidad actúan por cuenta propia para cumplir con una hazaña que entraña un gran riesgo para ellos mismos. Para la gran mayoría del público el riesgo se deja para cosas extremas tales como el snowboard (esquiar con tabla), esquiar en zonas donde hay posibilidad de avalanchas, nadar en áreas de mareas profundas o escalar montañas escarpadas, etc. Estos también se cortarán pronto, para sofocar aún más al alma y limitarlo. Y entonces es cuando las emociones y sentimientos reprimidos se canalizan destructivamente y encuentran salida en las guerras, en las bandas, en violaciones, pillaje y otras actividades contrarias al propósito de la Vida manifiesta. Esto aleja a la humanidad de su propósito original que es el de encontrar la conexión y el camino de retorno hacia el Creador.

Tu todo esto ya lo sabes, así que, ¿qué sentido tiene toda esta discusión? Es para que quizá puedas reconocer los sentimientos más frecuentes, especialmente entre la gente joven. Vaya cambio se experimenta cuando recuerdas que hay un plan para guiar la experiencia humana en la dirección opuesta, hacia la Tierra Prometida de verdadera aventura personal y de acuerdo con los reinos del yo personal. Esto es lo que se experimenta en la realidad manifiesta más grande. No es más que la imagen aumentada del espejo de lo que está ocurriendo interiormente.

Los 300 que han sido identificados no son sino el enfoque de 300 trucos perpetrados por estos egos distorsionados a los que se les ha dado rienda suelta gracias a la manipulación de su mente. Se han llevado a cabo todo tipo de esfuerzos para asistir a los individuos a nivel personal para que se pudieran dar cuenta de esto. Ahora, la manifestación del "mal" (malentendido y abuso) debe ser tratado con un método extremo que consiste en producir un movimiento que ponga fin a este proceso en el mismo nivel en el que lo han logrado los egos distorsionados y abusadores de los oscuros. Esto ha ocurrido debido al proceso del ego haciéndose poderoso en áreas que son contrarias a su verdadero propósito. Este proceso ha alcanzado proporciones de desequilibrio tal, que pone en peligro la integridad de la Galaxia/Universo. El Creador ha autorizado medidas extremas para devolver esta situación a su equilibrio. Debido al Amor que el Creador profesa por sus fragmentos, se están empleando todos los medios posibles para devolver esta situación a su equilibrio. A algunos desde luego se les negará la experiencia en la Vida manifiesta durante lo que vosotros calificaríais de largos periodos de tiempo, ya que se les ha brindado muchas oportunidades para alejarse de su enfoque de separación. Otros continuarán sus lecciones en otras situaciones puesto que fueron ingenuamente engañados durante la experiencia que eligieron al encarnar aquí.

Aquellos con verdadera intención y propósito serán los que atravesarán la experiencia gracias a sus elecciones de participar en la creación de la manifestación de este nuevo escenario. Esta demostración de este grupo enfocado traerá consigo un poder de transformación tal, que realmente será emocionante. Es un regalo del Creador. Esto será una bendición y un don de Gracia a través de un enfoque de Amor tan profundo que irá más allá de cualquier experiencia anterior. Y así será como gracias a esto, el planeta se elevará y su trascendencia creará una onda expansiva hacia fuera y hacia toda la creación permitiendo nuevos niveles de experiencia. Los participantes de esta trascendencia disfrutarán de las recompensas de participar en esta realización. La compasión y la gracia disponibles en el enfoque Amoroso del Creador están incluidas en "Su" Amor infinito. La mente finita es incapaz de comprender esto, pero la habilidad para poder abarcar todo esto se expandirá más dentro del foco de la experiencia humana y de la expresión dentro del cambio de las dimensiones. Pero incluso las dimensiones cambiarán durante este escenario de manera que toda conciencia se sentirá entusiasmada por la nueva experiencia y el nuevo despertar.

Pues bien, acaso no cobra ahora un nuevo sentido el recibimiento de "Bienvenido al lado ganador" ¡Desde luego que sí! La intención de estos mensajes es la de fortalecer vuestra determinación y el brindar toda la ayuda y apoyo posibles para llevar a cabo los trabajos que os han servido en el plato. Que vuestros corazones se sientan inspirados para continuar con vuestra participación devota y recibir todas las bendiciones de todos los seres de la Luz que están implicados en este proyecto. En vuestra Biblia hay un dicho, "y ella lo consideró en su corazón". Una manera apropiada de ponerlo. ¡Que tu conciencia se abra para experimentar el Amor que te rodea, te inspira y te protege en este día! ¡Que así sea!

No. 12

Nosotros encontramos muy interesante el que las fuerzas del mal estén llevando a cabo un esfuerzo por partida doble. Por un lado se está haciendo hincapié en las diferencias étnicas y raciales entre los individuos y los grupos y por otro lado y al mismo tiempo se te está forzando a un "único gobierno mundial". Esto, por su puesto, no ocurre sin un plan detrás. Está hecho con el propósito de crear caos y confusión dentro de la psique. Y en realidad, también sirve a nuestros propósitos. Es muchísimo más fácil crear un cambio desde el caos que desde un entorno estable y estático. Hay muchísimos planetas que están altamente evolucionados y que se han adaptado y han adoptado las Leyes Universales. Y si este es un estado tan maravilloso, entonces la pregunta es el por qué hay que enfocarse en esta oportunidad tan magnifica para poder trascender, y depender de un planeta que está atravesando a grosso modo por esta experiencia. La respuesta es que la energía caótica es la que ofrece el potencial mayor para este proceso en particular. Aquello a lo que llamáis Dios no ha "creado" vuestro dilema, pero sí es Su Creación y ciertamente puede participar del potencial que se ofrece y podemos añadir, que mucho es para vuestro propio beneficio.

Nosotros estamos ofreciendo todas las perspectivas posibles sobre esta situación, para que podáis entender lo más posible. Es necesario que te eleves por encima de la conciencia dolorosa y estresante de que muchos congéneres humanos tuyos están experimentando un gran sufrimiento ahora durante su encarnación en este planeta. Y es para que puedas percibir desde un nivel de percepción que te permitirá tener una visión de "ojo de Dios" desde donde poder concebir tus planes. La concepción de "un solo gobierno mundial" por la oposición también sirve a un propósito. Muchos de los seres encarnados, desde luego, han dejado de lado los puntos de vista nacionalistas que una vez tuvieron y están pensando en términos de integración global. El proyecto del plan será uno que atraerá a muchos más, y no sólo a aquellos que vivan en

U.S.A. Por necesidad debe ser un plan de alcance planetario. Necesariamente, su comienzo está enfocado aquí en U.S.A., pero el cuadro total tiene que ser una intención global.

Habrá una intensidad de caos particular que será el momento crucial para el cambio, o bien para ellos o bien para nosotros. De modo que el tiempo disponible para la creación y el nacimiento en la conciencia de este plan o sueño como lo hemos llamando anteriormente es crítico. En la fase nebulosa e inmadura de este proceso, el sueño del mundo parece lo más apropiado, ya que decir plan indica que ya hay algo que está en forma de pensamiento. Y este no es el caso todavía, y también lo mantiene en una perspectiva de pensamiento con una forma más juguetona y creativa. Y tampoco conlleva el gran peso de la responsabilidad para los grupos que participan. Se intenta promover al máximo las distintas posibilidades para pensar de las maneras más amplias posibles. En las fases iniciales no debe haber pensamientos con limitaciones o fronteras. Recuerda que no tenemos que estar considerando las acciones y reacciones del otro lado. Vamos a estar soñando dentro de las pequeñas posibilidades que conocemos; por eso todo es posible. Los planes arriesgados del otro lado sólo pueden funcionar en su propia realidad. Vosotros vais a establecer una realidad que está muchísimo más lejos de lo que ellos jamás hayan podido si quiera considerar. Es este nivel de creatividad que estamos procurando animaros a que alcancéis. Esta es la creatividad que suplantara y que se extenderá más allá de la realidad actual. ¿Lo podéis hacer? ¡Por su puesto que si! ¿Por qué pensáis que hemos probado planes para posibles contingencias? Estos están a vuestra disposición en los campos etéricos, no con la intención de que elijáis alguno de ellos, sino simplemente como puntos de partida para que ejercitéis vuestra imaginación. Recuerda que tu imaginación es el acceso de entrada a la "mente de Dios" que es potencialidad infinita. El invocar Su Presencia cuando "dos o más están presentes", es verdad hasta tal grado que vosotros los limitados no habéis llegado a percibir todavía.

Cualquier idea preconcebida que haya sido considerada individualmente por los miembros de estos grupos, se empleará sólo como un punto de partida. Todavía no ha sido concebida ninguna posibilidad aplicable. Esto puede que suponga un desafío para algunos egos en las etapas iniciales de la participación, pero esta es una época crítica para educar egos. Las partes observadoras de la existencia en la 3ª dimensión tienen que ser animadas a penetrar en el proceso de las imágenes y a través de esto experimentarán su verdadero propósito. Incluso el ego encontrará alegría en este proceso, pues en el experimentar su verdadero papel, deseará experimentar más esta alegría. Desde luego que no es una entidad de identidad separada, pero si que es un aspecto muy activo de la experiencia humana al que se le ha otorgado demasiada importancia dentro de esta unión compleja de energías de extensión del Alma. Y sin embargo debemos dar crédito a esta distorsión con la creación de esta oportunidad planetaria, ya que desde esta perspectiva, esta actividad ha contribuido a su manera a generar algo totalmente único. Dios puede convertir cualquier cosa en una resuelta sinergia para beneficiar a la totalidad. El tener más fe por parte de la humanidad en la realidad de esta verdad sería de gran ayuda para ellos en este proyecto.

La comprensión de cómo los individuos que experimentan esta encarnación encajan en el esquema cósmico de las cosas, es un poco como el leer un gráfico de una gran corporación organizada. Sin embargo, éste sería enormemente complejo para vosotros y el poder entenderlo en su totalidad sería difícil ya que no sigue el patrón lógico de responsabilidad en donde el que tiene más responsabilidad está arriba. ¿Podéis concebir la igualdad de arriba a abajo de algo que no tiene ni arriba ni abajo? La lógica de esto aumenta, ¿no te parece? ¿Tiene sentido? Pues claro que lo tiene cuando el parámetro esencial no es la secuencia lineal. ¿Y cómo puede un grupo conseguir cualquier cosa sin que sea necesaria una secuencia? Os puedo asegurar que bastante bien. ¿Y cómo se puede manifestar esto sin un principio o un final? Sorprendentemente, vosotros creéis que tiene que empezar tal y como aparece en la formación de un bebé. Lo que parece ser un proceso de la 3ª dimensión, comienza primero en el etérico. La parte invisible del proceso ya es un ser completo y ya existe en el momento de la concepción. Desde la completitud en una dimensión, se manifiesta en vuestra realidad. Una flor no ha sido creada y se ha manifestado a partir de una célula de la planta, sino que ya fue concebida en su totalidad, no sólo en apariencia, sino también en su proceso.

¿Será tu grupo responsable de concebir el proceso que necesita ser cumplido para poder cambiar este dilema terrenal? ¿Por qué piensas que hay tantos seres "etéricos" presentes? Estamos aquí para ayudaros con los procesos invisibles que son necesarios. Una vez que ya está colocado el boceto del esqueleto, y en la forma que producirá los resultados deseados, entonces no puedes ni imaginarte la actividad que tendrá lugar, todo ello enfocado hacia un "momento esplendido de creación". ¿Se te está apoyando durante este proceso? Más te vale creerlo. Sin embargo, -todo pende sobre la humanidad, y que ésta inicie activamente la creación de su propio destino a través de su cambio de percepción del ideal, en verdad debido al caos y la confusión, en la creación de un ideal.

Que la energía que aguarda la iniciación del proceso en pequeña parte llene tu experiencia. Eres muy apreciado y que todo el apoyo posible te acompañe en este día. Estar de buen humor mientras emprendéis vuestras aparentes tareas mundanas. Pues nada en la vida de los humanos seguirá siendo mundano por mucho más tiempo.

No. 13

Las energías proyectadas por aquellos que quieren atrapar a los habitantes de la tierra en sus planes para cambiar el destino de este planeta se mueven en círculos concéntricos cada vez más cerrados, mientras intentan incorporar las ruedas dentro de las ruedas que constituyen un entendimiento parcial de lo que son los ciclos de la creación. Ellos son, ¡oh! tan, cuidadosos revisando cada pieza del engranaje de manera que ninguno se encuentre fuera de secuencia. El pensamiento lineal es todavía la base de su juego ya que no hay ninguna espiral hacia un cambio evolutivo. En vuestro lenguaje, se da el término evolución para designar el cambio. Hay una falta de entendimiento de lo que es el proceso. ¿Hacia qué es lo que evolucionan? Su meta es esclavizar a la población restante, pero ¿con qué propósito? ¿Una utopía estancada? ¿Qué es lo que les hace pensar que el Universo podría o les apoyará en ese proceso? El rebelarse contra el proceso de la creación es una posibilidad, pero el mantenerse fuera del foco de la Creación incorporaría un proceso de constante intensificación en su totalidad, y está condenado al fracaso. El secuestrar un planeta es una cosa; el crear un anti-universo es desde luego espectacular, pues no habría otro camino. ¿De donde vendría este tipo de energía? ¿Realmente planean secuestrar un planeta entero? Yo dudo de que eso que llamáis Dios sea tan impotente como para permitirlo.

Y de nuevo yo digo "bienvenido al lado ganador" Esto puede que parezca imposible de creer en vista de los comentarios anteriores. Desde una perspectiva este tipo de arrogancia puede parecer gracioso. Por supuesto que no lo es para aquellos que experimentan día a día la flexión de los músculos de su poder y viéndolo desde la perspectiva de la experiencia en la 3ª dimensión. Para traer una transición en la conciencia humana, es necesario que aquellos que imaginen este cambio tengan una visión cuanto más amplia mejor. Quizá "cambio" no sea el mejor término a emplear, ya que implica simplemente reajustar aquello que ya existe. Esto ya se ha intentado con anterioridad cuando hubo otras oportunidades para burlar al adversario. Evidentemente no funcionó, porque de ser así no estaríais enfrentándoos a esta situación. Esta vez tenéis que dar un paso más lejos, en vuestra negación a jugar el juego de acuerdo a sus reglas. Tenéis que cambiar vuestras tácticas completamente hasta conseguir que sus planes se vuelvan tan impotentes como ellos han planeado que os volváis vosotros. Tenéis que trascender esos planes. Se ha hecho mucho ruido con el tema de la "ascensión" y el "éxtasis". Pues bien, desde luego que esto será nuestra versión de eso, excepto que "Jesús" no lo hará por ti. Tienes que hacer algo más que simplemente afirmar que eres "Cristiano". No será necesario que te manches las manos con la sangre del enemigo. Y tampoco se te pedirá que muestres la otra mejilla y mires hacia otro lado mientras el otro hace lo que le place, pues tú tendrás tus propios planes, y emplearás los métodos de Dios que hasta ahora habías olvidado. Su visión del Armagedón (guerra del fin del mundo) jamás ocurrirá. Pero si habrá un Armagedón, sólo que se jugará en otro campo y no habrá conflicto, tal como se ha imaginado para vosotros.

Vuestro deseo de dar a luz este proyecto y vuestra voluntad de impedir los planes de estos antagonistas engreídos de la Creación, será guiado hacia su realización a lo largo de caminos que serán recordados. Esto traerá consigo los elementos de la espiral evolutiva que faltan en su plan cuidadosamente dispuesto. No tengas miedo, pues tienes de tu parte las energías que crean los sistemas solares,

las galaxias, los universos y el cosmos, realmente Todo Lo que Es.
¿Podrías acaso pedir más apoyo? No es lo que ha faltado durante las
oportunidades anteriores, pero es que la habilidad y el enfoque de
los antagonistas ha hecho que planearan con cuidado esta situación
para traerlo a un punto de implementación tal, justo en el momento
en que los ciclos coincidan. Ellos creen que esto es un punto
vulnerable. Efectivamente, no obstante, en esos puntos de finales
de ciclos, el Creador ha planeado una oportunidad para que sus
fragmentos holográficos puedan aprovecharse de esta aceleración en
espiral que potencialmente está presente. La atención está enfocada
energéticamente hacia ese proceso que permite a aquellos que lo
están, el aprovecharse de la oportunidad.

Esto ha sido una explicación muy simple de esta situación única.
En efecto, la historia será escrita en los anales de este planeta. La
olla está hirviendo, el humo se está creando y el Universo contiene
la respiración a medida que el momento se acerca. ¿Puede que
el proceso falle? No, pero el grado en el que se aproveche esta
oportunidad afectará a todo lo contenido en este Universo. Recuerda
que el enfoque del Creador emplea todo lo contenido en el flujo de
energía que está en constante movimiento en la Creación. El caos
está especialmente impregnado de oportunidad para cambiar. El
compartir este conocimiento con vosotros no es para presionaros,
sino para que podáis comprender mucho mejor la oportunidad que se
ha creado en esta situación que parece tan desesperada. Tienes que
tener tus ojos bien abiertos y usar tu habilidad para observar y analizar
las medidas que se están tomando a tu alrededor. Los avatares del
pasado han plantado las semillas de la comprensión que permanecen
latentes dentro de la conciencia humana. Ya es hora de estimular
estas semillas para que broten y crezcan hacia su maduración en
la experiencia en la 3ª dimensión. Aquellos que puedan aceptar
este estímulo lo harán y a aquellos que no lo puedan hacer, se les
concederán otras oportunidades. ¿Se destruirán algunos fragmentos?
Todos los fragmentos de la conciencia del Creador deben ser tenidos
en cuenta. Aquellos aspectos que hayan elegido experimentar un
desequilibrio extremo serán colocados en un espacio que sería algo
parecido al exilio. No es un infierno lleno de llamas como se ha
usado para asustaros y someteros, sino un espacio de separación en
donde poder considerar y contemplar. El saber más allá de que esta

experiencia existe es innecesario, ya que es un asunto entre aquellos y su propio Espíritu interno. ¿Serán juzgados aquellos que han generado esto y aquellos que elijan no compartir esta oportunidad? Juicio es una palabra que ha sido usada para que aparezcan el fracaso y la culpa. Suelta este concepto. Es otra de las herramientas utilizadas para controlarte, y en cambio al final de esta experiencia habrá un proceso de liberación. Una revisión y un tiempo para el Alma (fuente de cada humano enfocado en la experiencia) para poder asimilar estas experiencias e incluirlas en la matriz de su totalidad. El foco que está experimentando no puede medir el impacto que su experiencia de vida tiene sobre la matriz de la totalidad de eso que lo ha enfocado. Es eso que enfoca contemplándose a si mismo. Por lo tanto sería auto-condenación si tuviese lugar el juicio. La auto-condenación no existe en las dimensiones más elevadas. Hay un mundo de diferencia entre auto-condenación y Auto-contemplación. Condenación y juicio son sinónimos.

El mensaje se está dando Amorosamente. Es para iluminar dentro de la experiencia de comunión con el flujo de la Creación. Lo que se intenta es que tomes conciencia de estar dentro de este flujo. Y es exactamente donde estás.

No. 14

¡Comienza un nuevo día en las vidas de aquellos que residen en este planeta! ¿Suena esto increíble? ¡Desde luego que no! El deseo de algo totalmente diferente crea una abertura vibratoria nueva. Esto indica que ha habido otros que han contemplado esta posibilidad. Anteriormente las piezas del puzzle no estaban en el lugar adecuado. Para que las oportunidades de éxito tengan el máximo potencial, ciertos eventos secuenciales y circunstancias deben estar en posiciones cruciales. La conciencia de la masa del planeta debe haber alcanzado por un lado un cierto nivel de conocimiento sobre la verdad y por otro un nivel de frustración y sentimientos de resistencia al reconocer los cambios que se les avecinan. Existe entre aquellos con la ventaja de estar en los medios de comunicación la conciencia de un proceso represivo, sin embargo, aun se encuentran en el proceso de negación.

Incluso eso está dando paso a un sentimiento sofocante, de que la Presencia Interior está siendo reprimida psíquicamente.

Tú piensas en esto como si estuvieran jugando a un juego de control mental, pero yo te digo que esto es mucho más profundo que todo eso. Está diseñado para encarcelar al Ser-Interior y provocar un enlentecimiento del cerebro, dando lugar a la aparición del síntoma del proceso mental dormido. Si sólo se tratase de un proceso de estupor a nivel mental, entonces os habrían podido drogar y atontar hace tiempo. Este no es el objetivo del proceso. ¿Qué le demostraría eso al Creador? Lo que está en juego es la demostración de superioridad a través de la captura y desvío de la energía del Alma y la esclavitud de aquellos con una matriz de energía particular. Llegado a cierto punto del plan negativo, aquellos que los han servido fielmente se hallarán entre los primeros en ser abandonados pues ya han demostrado su corruptibilidad. Su esclavo ideal tiene una matriz completamente diferente.

Si el plan es continuar el juego dentro de focos de mayor poder, ¿entonces de que utilidad son los esclavos dormidos? ¿Cómo ubican entonces los planificadores de esta escapada a aquellos que son valiosos para ellos? ¿Serían aquellos que no caen bajo el hechizo de sus esfuerzos conjuntos? Justamente, ¿quién crees que se identifica con esto? Desde luego que los intereses por cada uno de vosotros personalmente son muy altos. ¿Te encaja esta descripción? Y sino por qué razón se te ha permitido continuar con la tarea de señalarlos con el dedo, diciendo quienes son y lo que hacen. Estos comentarios no pretenden instilarte miedo, sino el darte el máximo de comprensión posible sobre la situación que ahora se encuentra delante de ti, es más, encima de tu bandeja. No tienes a donde ir excepto el atravesar esta experiencia.

Este es un mensaje corto, pero es uno que tiene que ser añadido al conocimiento anterior. Considerémoslo la levadura del pan para elevar vuestro propósito e intención hacia un enfoque aún mayor. Sabed que todo esto se os ha dado con el mayor de los Amores, pues sois mucho más valiosos para la Luz que para ellos. Sois nuestra llave de la cerradura que ahora mantiene a la totalidad de este planeta en la prisión.

No. 15

Existe una muy mala comunicación entre aquellos que se hayan dentro de la organización con intenciones negativas para este planeta y sus contactos extra-terrestres, los cuales están dirigiendo en su totalidad esta violación planeada a la tierra. Cada uno tiene sus propios planes por separado. Cada uno de ellos tiene planes para alcanzar sus metas clandestinas a expensas del otro. Y aquí es donde radica el primer punto vulnerable en sus esfuerzos coordinados. Son como dos piezas de un mismo puzzle, que casi, pero no del todo, encajan. En la medida en que vamos contemplando situaciones en términos de combinaciones energéticas holográficas o de imágenes en la matriz, podemos ir determinando los puntos vulnerables. Así que, la cuestión es, que no hay un esfuerzo común dentro de la realidad de su experiencia.

La segunda debilidad en su metodología es la de alimentarse de energía negativa producida por el espíritu de competición que se promueve dentro de sus organizaciones. Cuando encuentran un eslabón débil o alguien cambia de bando o deserta dentro de los miembros de sus grupos, se ceban casi frenéticamente con esa energía que se va. Esto les satisface muchísimo más que si el mismo evento le ocurriese a cualquier otro ser humano normal no involucrado. Hay más de su propia energía para alimentar el vacío de separación que debe ser mantenido para poder continuar su camino. Ellos "consumen" la energía de competición de los eventos deportivos. Es este punto de divergencia clandestina en su propósito el objeto mayor de nuestra atención. Esta oportunidad es justamente esto, nuestra oportunidad. Se han considerado muchos escenarios posibles para usar esto en nuestro beneficio. Ya que todavía no se ha establecido ninguna técnica exacta, sin embargo hay varias posibilidades que conseguirían el efecto exacto necesario. Lo que estamos diciendo aquí es que ya que vuestra acción dirigida es la llave que abrirá la cerradura, hay fuerzas ocultas que están en juego apiladas detrás de la presa que contienen energías que disminuyen vuestra habilidad para imaginarlos. No obstante, no subestiméis la importancia de vuestro papel, ya que es el desencadenante que liberará esta energía que ha sido construida. Las fuerzas de la Creación apenas si son impotentes, sin embargo deben funcionar dentro de las leyes que crean y sostienen toda la Creación, la magnitud de lo cual sólo puede ser abarcado por las Energías que permiten el potencial para la creación. Es como si se contuviese el aliento hasta que vuestra participación en libre albedrío comience a cambiar el flujo de las energías.

Nosotros por un lado debemos animaros y guiaros en vuestro deseo de realizar vuestro propósito y asistiros para que estéis listos a actuar de manera que podáis participar en el flujo de los eventos que se manifestarán a medida que esta avalancha de energías sea liberada y puesta en marcha. Así que, a veces somos como vuestros entrenadores deportivos, siempre con nuestra estrategia de juego, pero teniendo que ajustar e imaginar maneras de compensar las fluctuaciones en vuestras interacciones sincrónicas, y los movimientos e intenciones de las fuerzas contrarias del adversario y los aspectos del libre albedrío de la experiencia manifiesta. Desafortunadamente, no tenemos ningún reconocimiento por nuestra santa paciencia en este nivel de experiencia. Ni tampoco tenemos pelos que podamos estirarnos cuando de repente nos sorprendéis con vuestras decisiones personales. El grado de compromiso para cambiar el destino del planeta y hacia lo que se está encaminando actualmente, es nuestro único poder de atracción organizativo. El motivo personal de los individuos que participan es el elemento primordial para incluirlos en las consideraciones iniciales a la hora de elegir contactarlos. Después hay otras cualidades de carácter que deben ser tomados en consideración. Los "chivatos" por su puesto, deben estar excluidos, pero claro, tampoco es probable que estén disponibles. Esta última afirmación puede parecer un poco cruda viniendo de nuestra dimensión de comprensión y consideración, no obstante es necesario dejar este punto bien claro.

Hay muchos niveles de información que aún deben ser considerados. Hasta que no hayan comenzado los principales contactos y discusiones, os será imposible avanzar con una formación y con instrucciones cohesivamente. No se ha planeado ningún tiro a ciegas por así decir. Incluso vuestra contribución a la totalidad de este cambio en vuestra realidad debe encajar dentro del marco de las Leyes de este Universo y de la Creación. La Ley de la Atracción es la base de todas las demás Leyes. Esto lo irás viendo con el encuentro de los primeros grupos esenciales y en el montaje final que será la piedra angular de esta nueva experiencia evolutiva.

Dentro de esta combinación preñada de conciencia, será posible esta concepción y el movimiento hacia el proceso del nacimiento de la nueva humanidad. A menudo se dice que no hay casualidades, sin embargo el ingrediente del libre albedrío dentro del proceso evolutivo ciertamente contiene las semillas, tanto de la diversidad interminable como de la fermentación de la mezcla.

Llegamos al final de esta parte de nuestro dialogo continuo a medida que este proceso continua de un modo acelerado. Tus días están bendecidos con sincronías y sanación. Recibe en grandes cantidades esta ducha de Amor y de Luz en agradecimiento por tu compromiso.

No. 16

El tiempo, según tu manera de calcular, está llegando a un punto crítico en cuanto a número de días se refiere. Nosotros preferimos verlo como eventos secuenciales. Pero, ya que el conocimiento de lo que estos eventos pueden ser no está a vuestra disposición, el tiempo tendrá que ser vuestra manera de daros cuenta. Intentaremos coordinar tiempo/evento correlativamente y tener en cuenta lo que se refiere a los eventos que son importantes que debéis conocer. Por el momento, el enfoque más importante es el contacto entre los grupos creadores. A medida que las cosas progresen, os iremos dando esa información de manera apropiada. Los métodos de contacto entre los miembros deben ser tales que no debe haber ningún patrón aparente y el lenguaje que se use debe ser muy vago. Como hemos dicho antes, no se beben usar ciertas palabras y desde luego ninguna consistentemente. Mucha de esta gente tiene sus propios nombres especiales para designar a aquellos de los que estamos discutiendo muy a menudo. Estaría bien el evitar usarlos, sino simplemente el mencionarlos o mejor aún no referirnos a ellos en absoluto. Esto ayudará a prevenir que se activen los sistemas de vigilancia y rastreo que os controlan regularmente. Todos los sistemas de contacto están controlados. Harías bien en acostumbrarte a este hecho. Cuánto más recientemente se haya puesto en marcha un método, más fácil es para ellos el controlarlo. Desafortunadamente las conexiones electrónicas no están a salvo, así que debes usar tus aparatos de comunicación inteligentemente y con cautela. El dilema de las reuniones cara a cara es que si os encontráis en lugares públicos, se darán cuenta y si empiezas a reunirte de una manera clandestina también se darán cuenta. Esto empieza a sonar como una de vuestras películas de espionaje, pero las cosas son como son. En este momento, por supuesto, no hay ningún problema, pero a medida que comiencen a haber reuniones entre aquellos individuos que son miembros aptos para este proyecto, dos más dos empezará a tener sentido para ellos. La "pelota" se tiene que pasar hacia delante y hacia fuera y con poco contacto de vuelta con respecto al proyecto de una manera repetitiva. Ninguna persona o grupo de personas debe guiar el proyecto.

Cualquier reunión en el futuro ya bien sea de negocios o por motivos personales debe excluir intencionadamente cualquier referencia a este proyecto. Las llamadas telefónicas, etc., no deben ser usadas para comentar las opiniones y los distintos puntos de vista al respecto. En el momento adecuado el grupo apropiado se unirá y en esta reunión las ideas para la futura experiencia de la humanidad se mezclaran armónicamente. Una simple afirmación con la intención llegará a identificar el nuevo género de experiencia como el foco de este proyecto. Este es el tiempo de elegir cuidadosamente y contemplar con cuidado a nivel individual como en pequeños grupos a quien se le pasa la batuta. Entonces cada uno hará su contacto y el propósito se explicará en una situación cara a cara lo cual será muy difícil de interceptar. Las decisiones que se toman espontáneamente a la hora de elegir un lugar apropiado son las mejores. Vuestras oficinas privadas probablemente son las peores. Como he dicho antes, se os considera entidades con talentos especiales y por eso les interesáis especialmente. No subestiméis la estatura con que os ven. No conocemos otra manera de recordaros estos parámetros sin que parezca el marco del escenario de una película de intrigas y misterio, y aunque efectivamente es así, como una obra en un pequeño escenario de la Creación, quizá no sea en absoluto inapropiado. Así que, - interpretar bien vuestros papeles. Simplemente recuerda que es posible que vuestro tiempo y cronometraje no sea tan perfecto como el de Bruce Willis en sus películas.

Puede que quizá esto llegue un poco tarde desde que se dió la primera reunión, pero aquello que está enfocado en este mensaje ya se ha dado a conocer a cada uno de los contactos a través de otros niveles de conocimiento dentro de la conciencia inconsciente. Se dará a conocer para establecer este parámetro. En este proceso, se están instruyendo otros niveles de vuestra conciencia, de maneras distintas a esta.

Os estamos empujando, pero una vez que el proceso ya haya comenzado, éste se moverá mucho más rápido de lo que imaginas ya que la presión va en aumento. El entendimiento y la comprensión del infierno que se ha planeado para cada uno de vosotros y vuestro espíritu humano será lo que provocará el enfoque de un nuevo paradigma y atraerá a un nivel espiritual y a un nivel muy profundo a cada contacto. El deseo de participar y el de ayudar en la solución del dilema planetario será como el soltar una profundo aliento largamente contenido en el espíritu de cada uno. Una gratitud sobrecogedora traerá consigo la acción necesaria, pues se dice que, "Dios ama a un corazón agradecido". Esto es verdad y se puede lograr mucho gracias a esta emoción. Provoca una elevación del espíritu. Y ciertamente aquellos de vosotros que habéis estado al servicio difundiendo la Verdad al prójimo podéis usar este impulso. A medida que has ido aceptando y comprendiendo el futuro que se ha planeado para este planeta, el fracaso de la gente a la hora de entenderlo y su negación a creer en su existencia, ha hecho que te tuvieses que enfrentar a momentos muy descorazónadores. Sin embargo, cada uno de vosotros habéis continuado con vuestra difusión de la verdad.

¿Acaso no es esto un cambio glorioso de enfoque; el entendimiento de que por fin hay un camino, un plan que adquiere forma y que las fuerzas de la Creación están realmente aquí para ayudar? Esto será un punto crucial en la conciencia de cada uno que traerá consigo un cambio de actitud y comenzará a dibujarse en la forma de multitudes despertando. No es que el mensaje de la Verdad que está presente y que les rodea sea diferente a estas alturas, pero habrá una cierta actitud subyacente que será el primer acercamiento y el detonante de cada conciencia que escucha. Se empezará a discutir y el mensaje pasará de uno a otro a gran velocidad. Ya no sólo se limitará a aquellos que escuchan las conferencias y programas de entrevistas. A aquellos que han leído y se han informado se les pedirá que informen y expliquen. ¡Fieles contadores del horrendo relato, sois los avatares de este tiempo! Pero en el nuevo paradigma no hay lugar para la víctima/mártir. No forma parte del plan el permitir que este patrón continúe.

Esta información es para que la consideres. Que tus experiencias estén llenas de sincronicidades y encuentros amorosos.

No. 17

Cuándo la conciencia de grupo se junta para crear la experiencia de la tierra como un flujo de la Creación, se concedió dentro del marco creativo un énfasis particular en el elemento del libre albedrío junto con el deseo de dar rienda suelta al elemento creativo. La esperanza era que este énfasis especial permitiría el florecimiento de lo que vosotros llamaríais una experiencia utópica dentro de las Leyes Universales. Lo que no se había contemplado es que se crearía lo opuesto dentro del contexto de este enfoque. La alegría de la abundancia era vista como el resultado de la colocación adecuada de esas leyes en el centro de la experiencia. Y en cambio, el resultado fue que la abundancia material se convirtió en el foco y el concepto de "el fin justifica los medios" se convirtió en el marco del uso distorsionado de las Leyes Universales.

Si la versión distorsionada de las Leyes que realmente gobiernan la existencia de este Universo de Pensamiento proyectado es todo lo que se conoce, entonces ¿como vais a crear vuestro camino a través de esta experiencia hacia un nuevo paradigma que esté en armonía con la totalidad de todo lo que ya existe en equilibrio? Este es el quid de la cuestión. Si el enfoque terrenal fuese creado dentro de un enfoque de grupo, parecería que el retorno a ese punto de inicio sería el punto hacia el que dirigirse. Imagina como punto de partida, un pequeño grupo de puntos uniéndose y convirtiéndose en un único punto mucho más grande, y entonces este punto expandiéndose hacia fuera hasta llegar a ser una burbuja con un punto focal en medio. Todo esto dentro de un movimiento expansivo. Y después visualiza como esa burbuja empieza a cambiar de forma y se convierte en una forma alargada y que continúa deformándose en varias configuraciones hasta que parece que llega al punto de explotar a medida que se enfoca cada vez más y más presión hacia ese punto. Y ahora en tu imaginación, ¿cómo devolverías esa configuración a un círculo perfecto? Vuelve a pensar en la manera en que el círculo fue creado en primer lugar y repite el proceso. ¿Acaso no es lo que hemos estado recomendando? No tenéis que ser todos seres con conocimiento pertenecientes a dimensiones superiores para realizar esto, ya que cuando os reunís con la intención de crear este retorno al equilibrio, sólo necesitáis invocar el proceso creativo para recibir orientación. Creernos cuando os decimos que es a través de vuestra intención en concierto que esta distorsión será devuelta al equilibrio.

Es la conciencia de la masa lo que controla la forma de la burbuja, y ésta existe dentro del movimiento de los pensamientos que fluyen en todos. Y ya que la presión negativa está empujando intencionadamente la conciencia de la masa para que ésta se ajuste a sus formas de pensamiento distorsionadas, que son contrarias a lo que sostiene la existencia de la burbuja, la conciencia de la masa comienza a reaccionar. Dentro de cada individuo que integra la conciencia de la masa existen ciertas conexiones disponibles con la Fuente que se comienzan a avivar, a resonar como si estuviesen irritados por esta presión. La conciencia de esta reacción está causando más presión para ser aplicada a través de los métodos que han traído esta situación al lugar en que se encuentra actualmente. Piensa en el punto en el que la burbuja se pueda reventar. Si esta burbuja tuviese que reaccionar, como uno de vuestros globos, este punto comenzaría a debilitarse y sería más vulnerable. ¿Y qué pasaría si en vez este punto que consiste en pensamiento que piensa, comenzase a engrosarse y a reaccionar en maneras contrarias a las leyes aparentes del mundo material? Recuerda que el pensamiento pensante dentro de si mismo no podría aceptar un pensamiento que no encajase dentro del contexto de la creación. El pensamiento contrario a la Creación sólo puede ser dirigido, enfocando en lo que podríais llamar un gran esfuerzo. No puede ser liberado para completar la creación por si mismo. Así que este proceso requiere que cada contingencia sea considerada y contenida dentro del plan o añadido al plan que luego afectará sucesivamente a la totalidad del plan. ¿Crees que es posible cuando lo comparamos al reino del pensamiento que puede pensar en si mismo y conoce cada contingencia en menos de lo que se tarda en parpadear? Todo este pensamiento pensante tiene únicamente una gran limitación, y es el "libre albedrío" de los participantes. No obstante, cuando el libre albedrío de los participantes entra en resonancia a través de la intención y el propósito, entonces efectivamente toda la "Creación" se pone a bailar por así decir.

¿Es tan simple como esto? ¿Y qué es de todas las Leyes de la

Creación que han sido incumplidas por todos aquellos dentro de la conciencia de la masa? ¿Acaso no se requiere que cada uno de ellos se arrepienta y renuncie a todos sus pensamientos erróneos? Vamos, ¿acaso no es de lo que trata todo este asunto? Te has olvidado de algo. ¡Cada uno de vosotros sois pensamiento manifestado en la energía de la 3ª dimensión! Y si el pensamiento puede pensar dentro de si mismo, entonces ¿crees que puede hacerlo dentro de cada individuo? Puede, pero tiene una única limitación, y es el "libre albedrío". No obstante, el deseo de atravesar esta experiencia y devolver este planeta en su totalidad al lugar que le corresponde dentro de la Creación es una decisión que pertenece al "libre albedrío". Cuando se alcanza internamente y en la conciencia de cada uno un punto de ebullición debido a la presión ejercida, ¿no crees acaso que cada uno pueda recibir internamente una llamada de auxilio de parte de su creador? Existe un punto en donde aquellos que están bajo el hechizo de las religiones que requieren de un intermediario para comunicarse con su Dios, ignorarán esa creencia y asumirán una llamada dentro de ellos mismos que despertará la comprensión de su verdadera conexión con la Fuente. Y cuando esto alcance un nivel crítico, entonces esto se unirá en el nuevo punto del enfoque que se está formando en el centro del círculo real (burbuja) de la existencia y el cual siempre ha existido dentro de la Creación. Es una cuestión de identificarse con la burbuja auténtica y no con la de esta obra sobre el escenario de la conciencia de la masa.

Y si este es el caso, ¿dónde está el problema? Pues porque la obra es una realidad para la conciencia de la masa y también es muy real su "libre albedrío" y resulta que la existencia continuada de estas extensiones del Alma se encuentra en serio peligro y puede sufrir daños extremos y reacciones que no pueden ser explicadas en términos de la 3ª dimensión. Es una cuestión de que un suficiente número de estas extensiones realice y comprenda que tienen la habilidad para identificar otra realidad y reclamarla para sí. Quizá tu saludo tendría que ser "!Bienvenido al lado ganador. Permitámonos identificar y reivindicar!"

No. 18

El día comienza de nuevo a medida que tu planeta gira sobre su eje y la humanidad duerme bajo la influencia de las fuerzas de la oscuridad. Sus planes parecen moverse en un enfoque inexplicable hacia el desastre y parece que sólo unos pocos fieles están despiertos y registrando el movimiento de fatalidad sobre este precioso mundo verde y azul. La magia de la belleza se vuelve borrosa y tu verdadero hogar del que dependes se está cerrando a tu alrededor y aunque es percibido, es ignorado. Los días finales descienden hacia el abismo mientras tu TV, los deportes y las pociones para dormir te drogan figurada y literalmente.

¿Y ahora qué podéis hacer unos pocos para detener la marea de negrura a medida que ésta se hunde más y más rápidamente?¿Acaso debemos volver a contar una y otra vez todo lo que ya sabéis, gemir y golpearnos el pecho, como hacían los profetas de antaño y suplicarle a "Dios" que nos salve? Hay millones que ya lo están haciendo, suplicarle a un Creador que ellos creen que ignora sus suplicas y no responde a sus plegarias. Ellos piden desde su percepción de víctimas que anhelan ser salvadas y no reciben respuestas a tales oraciones. Y la realidad es que, sólo aquellas oraciones que piden recibir auto-poder dentro del marco de la Creación pueden ser respondidas. ¿Acaso crees que las estrellas se mantienen ahí arriba en el firmamento a causa de la petición fortuita de un ser divino? ¡Desde luego que no! Están ahí porque están dentro del diseño del equilibrio y de leyes matemáticas que sostienen Todo Lo Que Hay. El hombre continua con sus suplicas absurdas y bloquea la única y verdadera ayuda que desea a causa de no estar dispuesto a participar excepto en maneras que son contrarias a las verdaderas Leyes que sostienen su infeliz existencia. La historia de estas Leyes les rodea en lo que queda de la naturaleza, pero se ciegan a si mismos en su propia miseria. Los científicos analizan los componentes, pero no el proceso de la Vida dentro de las estructuras manifiestas de la Vida que les rodea. El análisis mental de la mente los engaña y les hace creer ilusoria y arrogantemente que son superiores a lo que les rodea, en vez de sentirse hermanados y unidos fraternalmente a ello. ¿Y cómo pueden ser ayudados aquellos que están cada vez más y más ciegos al verdadero proceso en el que existen?

La víctima no puede ser rescatada, sino que tiene que literalmente estirarse hacia arriba por las correas de las botas y rescatarse a si misma haciéndose responsable de su propio rescate. El hombre está hecho en la esencia de su Fuente. Es un diminuto holograma de su Fuente. Un holograma es un minúsculo fragmento del todo que tiene la potencialidad de proyectar la totalidad de donde vino. Y a pesar de que el concepto de holograma ha sido abordado en parte, no ha sido "analizado" para aplicarlo a la esencia de la Vida que está en todos los seres auto-conscientes. Es el reenfoque de este fragmento hacia su fuente de existencia lo que determina el grado de totalidad de la Fuente que se manifiesta en la realidad conocida de la experiencia de cada fragmento.

Si consideras el grado del enfoque que ha permitido que el planeta Tierra se manifestara a partir del fragmento de su Fuente, entonces puedes empezar a entender la situación. Observa la magnificencia del cuerpo humano que es el vehículo de vuestra experiencia aquí. Un vehículo capaz de albergar una auto¬conciencia que puede contemplar su Fuente si así lo desea, porque la Fuente se contempla a si misma y al hacerlo se fragmenta a si misma de manera que pueda contemplarse a si misma aún más a través de la experiencia manifiesta. Y en ello existe el libre albedrío para hacerlo. Y ya que el libre albedrío es el vehículo de esta contemplación, entonces se manifiesta dentro de cada fragmento holográfico. Gracias al libre albedrío toda experiencia es permitida hasta alcanzar una mayor elevación en este proceso de Auto-contemplación. Esta es la polaridad que permite reconocer lo que sirve para el proceso de contemplación y lo que no, de manera que el equilibrio de éstos permite la contemplación de cada exploración hacia el retorno del fragmento originariamente proyectado hacia su Fuente. Y para poder comprender este proceso tal y como se presenta aquí, existe una espiral de entendimiento a medida que es contemplado por la mente que está leyendo esta información. Cada fragmento se devuelve a si misma a la Fuente que la proyectó originariamente. Y por consiguiente se te está conduciendo para que entiendas el marco del proceso en el que estás envuelto, ya que cada uno de vosotros es un fragmento holográfico de la Fuente de todo lo que está en el proceso de auto-contemplación. ¡Que!, ¡pánico!, te convertirás en nada si sigues el camino de retorno. ¡Por su puesto que no! Con cada fase de retorno hacia la Fuente que propició tu entrada en la experiencia, tu propia

auto-conciencia crece cada vez más y se vuelve cada vez mayor hasta
que alcanzas el potencial absoluto para ser un total igual dentro de una
mayor Totalidad de esa Fuente que se contempla a si misma.

¿Acaso esto hace que tu mente finita se vuelva loca? Realmente
no debería. Deberían ser las noticias más reconfortantes con las que
jamás te hayas encontrado. ¿Acaso jamás se ha pintado una imagen
más luminosa de vuestro futuro? ¿Qué posibles placeres podrían
jamás competir con un futuro cómo este? Déjame que te asegure que
no existe placer fugaz alguno del cuerpo encarnado que se pueda
comparar con aquellos que te aguardan a medida que la auto-conciencia
fragmentada comienza a ascender por la espiral de experiencia hacia
la meta última. El problema está en llenar el abismo de malentendido
que ha sido creado como trampa por unos que se han visto atrapados
en el abuso distorsionado del libre albedrío. Estos pobres desgraciados
están tan atrapados que no solo han llegado a percibirse a si mismos
como lo suficientemente poderosos para alcanzar la total igualdad
con la Totalidad de la Fuente del Todo, sino que además, creen poder
alcanzar un lugar de Superioridad. Incluso el paradigma psiquiátrico
distorsionado de vuestro tiempo consideraría esto una locura, si sólo
pudiesen abarcar el plan en su totalidad.

Dentro de este arrebato de poder distorsionado es necesario tener
una replica distorsionada del proceso. Un homologo de eso que existe.
La humanidad no es más que un bloque de este edificio, puesto que
no pueden crear de una potencialidad negativa. Intentándolo como lo
han hecho, no va a funcionar, así que se han quedado con el proceso
de convertir lo que ya existe, en lo que vosotros determinaríais como
positivo en su opuesto, un homologo negativo. Pues bien, si contamos
esto en vuestro proceso lineal del tiempo, vemos que esto no es un
evento reciente. ¿Cuánto han conseguido? Pues para no abrumaros
completamente, dejadnos decir que se ha alcanzado una etapa crítica.
El permitir que esto continúe pondría en peligro más de lo que sería
aceptable para la experiencia manifiesta de la Fuente. Lo suficiente
como para atraer un enfoque de esta conciencia de "totalidad
impresionante" de la Fuente hacia la consideración del problema.
La potencialidad de este Enfoque para devolver el equilibrio de
nuevo hacia la totalidad del proceso como se ha explicado antes es
impresionante de ver, incluso dentro de los límites de la percepción
de la 3ª dimensión.

Hemos intentado explicar antes que hay ayuda disponible, que es poderosa e incluso no le hemos dado la suficiente importancia. Sin embargo, la clave para liberar esta fuerza tan impresionante radica en eso que ha creado la situación en primer lugar. ¡EL LIBRE ALBEDRIO! Si no fueseis de un valor excepcional e incalculable más allá de ser el vehículo del cambio, se podrían emplear otros métodos para acabar con todo esto. El fragmento del cual cada uno es una porción de ese Enfoque debe ser tenido en cuenta para que el equilibrio del todo sea mantenido. No se os puede simplemente borrar del mapa. Eso crearía un flujo que provocaría repercusiones inaceptables. Todos los fragmentos deben volver a la Fuente de la cual fueron enfocados (proyectados) para que esa Fuente se pueda mantener en el equilibrio de la totalidad. Esto no quiere decir que aquellos que han perpetrado esta experiencia distorsionada hasta este extremo no vayan a tener algunas experiencias educativas interesantes, y desde luego, así será. Vuestra percepción del tiempo no os permite contemplar dicho proceso, así que no lo intentéis.

Es importante que empecéis a concienciaros de la Totalidad de esta situación, de modo que podáis comenzar a contemplar y a entender que incluso aquellos con los patrones de comportamiento más oscuros, son valiosos para la Fuente que llamáis Dios. Ellos son parte de la Totalidad de Todo lo que la palabra Fuente implica. El deciros simplemente que son parte "TODO lo que ES" no ha sido suficiente como para haceros comprender en profundidad y poder tener el entendimiento necesario y por eso aquí se ha intentado otro acercamiento. De vuelta a una lección básica de vuestra lengua vernácula. Confiamos ahora que esto se haya cumplido. Y si no es así, quizá el volver a leerlo de nuevo lo podrá conseguir. No es que deseemos que vuestra actitud se ablande con respecto a lo que ha sido perpetrado, lo cual haría que su causa negativa continuase, sino que entendáis que simplemente el destruir todo el experimento no es una opción. O el por qué no es suficiente con desbarajustar sus planes.

La Fuente, El Gran Jefe, lo quiere ver resuelto, y ¿quiénes somos nosotros para discutirlo? Tenemos que resolver este tema clave. Así, que continuemos con ello.

No. 19

Hay un sentimiento de intranquilidad cada vez mayor alrededor de todo el mundo. Los aspectos intuitivos de cada ser comienzan a despertarse, ya que la atmósfera energética del planeta está resonando con el foco de atención que le está prestando toda la galaxia a este planeta único. Vuestros compañeros cohabitantes que están despiertos y conscientes, ciertamente se están dando cuenta de lo que está sucediendo aquí. Y es diferente de las energías directas, sofocantes y manipuladoras que se están difundiendo sobre vuestra conciencia consciente. La atención galáctica está llegando a través de energías demasiado sutiles como para ser recogidas con métodos mecánicos usados por aquellos con un enfoque de intención oscura. La oposición debe lograr sus fines empleando métodos que suprimen el movimiento natural expansivo del pensamiento dentro de la forma manifiesta. Lo que fluye dentro de la conciencia de las masas proveniente de la galaxia que os rodea la cual es de una cualidad natural expansiva. Se recibe dentro de la conciencia y sigue su naturaleza expansiva y llega espontáneamente de fuera hacia la conciencia consciente en forma de sueños y patrones de sueño que no son tranquilos. El factor gobernante a considerar a la hora de recibir este mensaje galáctico es el grado en el que se haya reprimido la conciencia interna de cada ser individual. ¿Cuán lento es el nivel vibratorio del ser? ¿Puede aún recibir la estimulación de la vibración más alta y rápida de la forma de pensamiento galáctico? Este no es un mensaje de condolencia que está siendo enviado por individuos comprensivos. Ese es un truco de las energías bajas y oscuras, otra de sus técnicas de represión. Esto es mas bien, un foco de estimulación para que los receptores de la Luz que sostiene a cada uno en su enfoque puedan ser devueltos a una grandeza mayor.

Así que empezáis a ver que hay dos focos de energía en movimiento; uno de represión y otro de estimulación. Nosotros preferimos no usar aquí el termino guerra, pero se puede destacar que la "batalla" en este planeta ya está en camino. No como se ha representado, como una carnicería por todas partes creada por ambos lados, sino como el reclamo y la contención de las energías del Alma. Un lado lo está planeando para muchos y el otro para todos. Recuerda, si una pequeñísima unidad de energía es verdaderamente destruida, entonces la totalidad de todo se habrá perdido. La Fuente de Todo Lo Que Es, es expansiva por naturaleza. La energía puede cambiar de forma a través de lo que aparenta ser el ascenso y la caída, el nacimiento y la muerte de la forma, pero la energía que está en la base auténtica de este fenómeno está siempre presente.

Siempre existe una polaridad dentro del formato de esta energía siempre¬presente, sin embargo, no tiene porque estar presente en la forma de lo que vosotros percibís como el mal, las fuerzas de la oscuridad. Esa polaridad opuesta es otro tema. Lo que tenéis que entender es que eso que parece ser la polaridad opuesta en la experiencia del planeta Tierra es una aberración, un uso distorsionado de esta polaridad energética. Es la excepción, no es la norma.

Cuánto más entiendas de lo que dispones dentro del contexto de esta situación, más fácil te será el poder mantener el enfoque en tu propósito dentro de las energías que están en movimiento alrededor y a través de ti. Es más fácil sucumbir a las energías de represión en algunos momentos de tu tiempo que el mantener tu enfoque sobre las energías de estimulación que están actuando dentro de ti. La "batalla" no es sobre la superficie del planeta como se te ha dicho, sino que está dentro de la conciencia del individuo y está por definición, asimismo, dentro de la conciencia planetaria. O bien es comprendido o no, que la conciencia planetaria, y la combinación de las mentes de la humanidad son la conciencia consciente del planeta en si mismo. Y por lo tanto, la transformación del planeta, que se ha ganado gracias a su maternidad repetida de civilizaciones en evolución, depende de la transformación de su civilización residente actual. Así que ya puedes comenzar a comprender que la unidad de este proceso de evolución trae consigo el potencial para el abuso. La coagulación interna del propósito energético está organizado para el proceso de trascendencia. La polaridad opuesta ha concebido una represión y supresión mundial antes que una transformación expansiva planetaria hacia una experiencia dimensional (vibratoria) más elevada.

Con la presencia de tanto intercambio de pensamiento de energía densa entre los habitantes del planeta, el intercambio de comprensión conceptual de mente a mente ha alcanzado un nivel cada vez más bajo. Y esto ha resultado en la proliferación de la comunicación mecanizada, cada uno de ellos representando las habilidades que una vez fueron para vosotros de uso común sin la necesidad de tener que emplear artilugios manifiestos para hacerlo posible. Con el rápido avance de estas tecnologías (dispositivos) a causa del enfoque en la manifestación vibratoria pesada y lenta, lo que parece ser un avance maravilloso es ciertamente lo opuesto. Representa una pérdida de la habilidad para enfocar en lo formativo, y en el uso expansivo del poder del pensamiento inherente a toda la Creación. De nuevo se juega con vuestra mente desviando vuestra atención de la potencialidad de crear de dentro hacia fuera, hacia el exterior, debido al uso de la actividad de la mente analítica externa y a la manipulación de vuestra realidad manifiesta. El flujo natural estaría dirigido hacia la exploración de la conciencia interna y se manifestaría externamente en vuestras realidades para encontrarse con experiencias mayores. ¿De dónde pensáis que provienen las grandes ideas-servicio que sirven a la gente? Y en vez, éstas estás siendo manipuladas y retorcidas, y convertidas en utensilios para reprimir a la gente justo delante de vuestras narices mientras no os dais cuenta de lo que hay realmente entre manos. Estáis todo el rato pendientes del espectáculo que se está representando, y desviando vuestra atención.

Así que, ahora empieza la juerga en serio. Estáis haciendo vuestros intentos finales para alcanzar al máximo la conciencia interna a través de la última de sus tecnologías a vuestra disposición, pero también estáis comenzando a unir fuerzas con la estimulación de energía interna. Tu también estás recibiendo esta estimulación. Ciertamente sois como las estaciones repetidoras empleadas por vuestras estaciones de radio. Estás sirviendo a múltiples propósitos y eres perfectamente consciente de hacerlo dentro de esas partes de conciencia interna de la totalidad de tu experiencia. Confía en el proceso y agarrate al poste por así decir. Todo está muy lejos de estar perdido. ¡Bienvenido al lado ganador! ¡Enfoca y manifiesta!

No. 20

La gloria de vuestras naciones se desvanece delante de vuestros ojos ya que uno por uno está siendo atacado desde dentro y desde fuera. Cada uno depende de los donativos monetarios que requieren a su vez de la entrega de derechos minerales y otros recursos como recompensa. El dinero es desviado hacia cuentas secretas que vuelven de nuevo a los usurpadores a medida que los lideres son depuestos o asesinados. Los ciclos se repiten una y otra vez. La gente es abandonada por sus gobiernos y por lo tanto tiene que valerse por si misma en situaciones donde cada vez hay menos recursos (artículos de primera necesidad) y donde cada vez hay más regulaciones. No es una imagen bonita para contemplar. Así que, ¿ahora qué?

Dejadnos de nuevo considerar posibilidades que puedan traer un cambio para esta situación de pesadilla. ¿Podría ser que las fuerzas que están detrás de esta situación estuviesen creando causas para culminar esta represión planeada sobre la gente de este planeta que pudiesen implicar repercusiones que van más allá de su capacidad de control? ¿Podría haber pequeños fallos técnicos desconocidos en esos planes, que si fuesen explotados, pudiesen provocar un resultado no planeado? Desde luego que no solo es posible, sino que es probable. Dejadnos considerar Y2K (el efecto 2000) solamente como una posibilidad. Si ciertamente todas las maravillas tecnológicas que están en los principios del poder, del agua, de las comunicaciones, del dinero, de los viajes, etc., todo depende de ordenadores para poder operar, pues entonces también debe ser así para los sistemas de comunicación de los militares y de la conspiración y para otros mecanismos fantásticos que se han planeado usar. Todos estos sistemas fueros construidos contratando a otras empresas. Es bien sabido que los contratistas delegan y desvían su trabajo a otros siempre y cuando sea posible para reducir los costes. Es totalmente posible que al menos algunos de esos chips de ordenador seleccionados de "la estantería" hayan sido empleados de un modo que no corresponde al uso especifico para lo cual fueron diseñados. Si esas sustituciones contienen el mismo problema de fechas que aquellos puestos en marcha con el propósito de crear un colapso caótico de vuestro mundo tal y como lo conocéis actualmente, entonces ¿cómo afectará esto a sus planes? Y ya que debe haber un intercambio sinérgico de información dentro de los sistemas de ordenadores entonces también puede haber repercusiones dentro de sus propios sistemas, aquellos que han sido creados aparte, que generen caos dentro del caos. Puede que se desplieguen partes de su plan, pero para poder lograr establecer y después mantener el control absoluto, lo cual es su meta, todo debe proceder de acuerdo al plan. ¿Y qué pasaría si sus planes se ponen lo suficientemente en marcha como para que la gente se de cuenta de la verdad, y a la vez su propio caos interno permitiese lo que nosotros llamamos el derrumbe desde dentro? ¿Y qué si los campeones de la humanidad que están trabajando desde dentro han colocado deliberadamente fallos técnicos dentro de sus sistemas? Interesante a contemplar.

Dejadnos suponer que la escena descrita arriba sea verdad. Ahora tenemos lo que podríamos llamar un doble caos y el suficiente desenmascaramiento del plan para esclavizar a la humanidad como para despertar a ésta. A esto se le añade una 3° capa de caos. ¿Y fuera de todo este caos, hacia dónde se inclina el equilibrio de la supervivencia de la humanidad y del planeta? Todavía hay un elemento más que debemos intercalar aquí. ¿Y qué es de esos seres extraterrestres que han estado usando la estructura de poder que ellos mismos han facilitado en primer lugar? ¿Podría el caos arriba mencionado servir a sus propósitos? ¿Podrían ellos haber saboteado los planes de sus propios esbirros para poder eliminarlos del juego? ¿Acaso cuentan con un plan que se superpone a aquellos que ya están en juego? Podemos decir que la trama va aumentando.

No obstante aún lo podemos aumentar más, ya que estamos ahondando en las distintas posibilidades. Cuando un planeta interfiere con otro hasta el detrimento del progreso de dicho planeta, entonces tenemos a la Ley Universal de la Atracción en acción. Simplemente indicar que lo que le haces a otro se te hará a ti. Si interfieres con otro planeta, entonces se da permiso para que otras fuerzas planetarias puedan interactuar con vosotros. ¡Ah-ha! ¿Empieza ya la gran trama a iluminarse? Esperemos que vuestro corazón haya dejado de latir por un segundo, y que una verdadera esperanza haya nacido en vuestra imaginación.

Todavía nos hemos quedado con el dilema de todo ese caos. Así que dejadnos arrojar un poco más de luz sobre el asunto. Una vez que un planeta ha sido interferido de una manera directa, además de pedir asesoramiento, los habitantes de ese planeta pueden solicitar ayuda para restaurar el equilibrio y el orden. Y aquí es donde radica la clave. La ayuda debe ser solicitada y la oración es considerada una petición. Sin embargo, tiene que ser lo que se llama una oración afirmativa. La oración afirmativa está dentro del modo creativo que es vuestro patrón (hecho a semejanza y similitud de vuestro Creador). La humanidad debe realmente presentarse como un grupo enfocado, de un modo creativo y armonioso dentro de la espiral ascendente del desarrollo de la evolución del individuo y planetario. Ahora bien, conociendo la naturaleza humana, habrá aquellos que, una vez se hayan recuperado del schock, querrán inmediatamente volver a colocar en su sitio lo que está en su zona de confort. Desearán aprovecharse de la situación para crear otra situación de poder sobre la gente, puesto que realmente se pedirán a gritos nuevos "lideres". Eso no será evolución. El siguiente nivel está basado en la responsabilidad individual. Y a menos que esto no esté en los fundamentos del nuevo paradigma, la oportunidad para la trascendencia de este planeta y sus habitantes se habrá perdido.

Lo que es importante de todo esto, de lo ya percibido en líneas generales como una "oración de petición de ayuda" es que necesita estar en marcha, ya funcionando para poder suplantar cualquier oportunidad de volver a lo viejo. Y la ayuda que necesitáis para poder crear esto, estará entonces asegurada. Esta ayuda no será militar para nada en absoluto. Será el Amor del Creador en manifestación y será genuinamente acogido e interactuará con el Ser Interno que es la conexión directa con el Creador. El Amor conectando e interactuando con el Amor traerá consigo cambios más allá de lo que sois capaces de imaginar. También es apropiado destacar que a nivel planetario, el planeta mismo vivirá una experiencia similar.

¡Que esta información pueda contrarrestar vuestras preocupaciones sobre vuestro futuro! ¡Bienvenido al lado ganador! ¡Enfoca y manifiesta, por su puesto!

No. 21

Ya es hora de enfocar para que el énfasis se pueda centrar en el eje principal del cambio para la transición del proyecto de una fase a la siguiente. Esto no quiere decir que la primera fase ya se haya completado. Esa parte, el recabar información sobre las actividades de los oscuros, está ahora en marcha. Desde nuestro punto de vista al observar las combinaciones energéticas, vemos que se está llevando a cabo el suficiente movimiento en la fase de despertar como para asegurar su continuidad. Hay suficientes enfocados en transmitir y difundir la palabra como para que continúe con ese impulso. La información está siendo ahora discutida entre la gente, por aquellos que leen y oyen la información. Como sabes, o bien las discusiones cara a cara o a través de los chats por Internet con el ordenador, etc., está haciendo que el efecto bola de nieve crítico comience. Y para poder mantener este impulso, ahora que el despertador está sonando, es necesario preparar el siguiente paso no sea que la inercia causada por la falta de entendimiento sobre lo que hacer luego permita que la embestida de las técnicas de adormecimiento de la mente continúen con el control.

El siguiente paso consiste en la elección que hace el propio individuo, el de mantenerse firme en su determinación por alejarse de la emoción abrumadora y observar desde un espacio que esté más allá del alcance de estas técnicas de control. Parece un paso pequeño, pero es de vital importancia ya que es el principio de la separación de la manada por así decir. Es un paso que se puede realizar sin el peligro que supondría la resistencia física. Es algo que se puede hacer con seguridad sin ser detectado por las aparentes entidades terribles que están luchando por mantener el control. También es crítico en el proceso de cada individuo, cuando éste comienza a ser consciente de que hay una conexión con la conciencia, que una parte del mismo permita esta observación. Es lo que provoca el cambio en la función del ego que está sobre estimulada, y así comienza éste a calmarse. Y esto lo devolverá a lo que se pretendía en un inicio, a su verdadero propósito. Esto en si mismo es una experiencia que hace que recuperes el poder, ya que se inicia el equilibrio de la expresión que se pretendía en la experiencia manifiesta. Esto es un punto muy crucial. Estableciendo la experiencia de la observación, empieza a haber un cambio en el enfoque de un modo suave y fácil.

¿Cómo es mejor que empieces a cumplir con tu misión? Al poner en práctica intencionadamente tu mismo el proceso, comenzaras a guiar a aquellos que están en contacto contigo y que están despertado al conocimiento de lo que está sucediendo a su alrededor. Hay un elemento de miedo muy activo a la hora de considerar esta información y cómo aparezca puede afectar sus vidas. No es fácil contemplar como desaparecen todas las conveniencias maravillosas de su experiencia y al mismo tiempo preguntarse cómo van a continuar para poder vivir. Para ellos suena a total pobreza así que les es más fácil seguir guardándolo detrás, en el trastero de su conciencia y no considerarlo para nada. Sin embargo, continua emergiendo espontáneamente en sus pensamientos como una burbuja al subir en el agua. Entonces sería apropiado el sugerirles que tomasen distancia del problema y que comenzasen a considerar qué posibilidades hay para poder usar la situación en su provecho. Las oportunidades se presentarán por si mismas, vía trueque, intercambios y otros métodos aún por crear durante el periodo caótico del cambio. Y ya que será difícil acumular bienes materiales, esto liberará el aspecto creativo que es inherente a todos los fragmentos del Creador. La creatividad es el elemento fundamental de la experiencia a todos los niveles, si no fuese así ninguno de nosotros hubiésemos sido "pensados" en la existencia. La clave de todo esto es pedir ayuda al enfoque de pensamiento que ha traído esta experiencia y nos mantiene en ella. Si no fuese por este enfoque los bloques energéticos básicos (átomos, moléculas y células) se disgregarían.

Parece difícil el correlacionar la probabilidad de éxito para un planeta entero, con solo unos cuantos que ya han iniciado el cambio simplemente transformando su perspectiva personal y luego animando a otros que lo realicen de modo similar, a aquellos pertenecientes a su esfera de influencia. Pero esto es como se debe hacer. Al igual que un largo viaje que se inicia con el primer paso, así también comienza el cambio en la experiencia individual. Y esto es especialmente verdad cuando se sigue la metodología que es el formato en el que operan las Leyes que gobiernan la Creación manifiesta. Primero debe existir algo para que la energía se sienta atraída hacia ello. "Y en el comienzo hubo el 'pensamiento', y el 'pensamiento' se convirtió en carne (manifestación)."

Siguiendo este pensamiento conceptual, debe estar presente el deseo para que se manifieste. El pensar solamente el pensamiento, no hará que suceda. Debe haber un deseo emocional que provea la gasolina para el movimiento o el cambio de energía del pensamiento a la expresión. Gracias a la coagulación de energías "atraídas", comienza la manifestación. La forma incluye no solamente cosas; sino que también incluye situaciones, circunstancias y estimulación del deseo para pensamientos adicionales que apoyan la realización de la experiencia deseada. Forma parte del ímpetu Creativo una vez que el proceso ha comenzado, el completar la experiencia deseada cuando el propósito está en armonía con las Leyes Universales. El enfoque deseado debe proporcionar libertad a todo lo que queda afectado por éste, durante el viaje en espiral de retorno hacia la Fuente. Y cuando este es el propósito subyacente, entonces la Atracción de lo Armónico está en marcha con todo su poder sutil liberado.

Está bien el revisar los principios básicos cuando está a punto de darse resueltamente un cambio de gran magnitud en el enfoque creativo. Cada uno de los cambios en el destino de este planeta es recibido con gran expectación por parte de los niveles de conciencia más elevados (vibraciones más finas y altas). Esos cambios que conducirán al restablecimiento del equilibrio y de la armonía reciben la aportación de energía adicional de soporte que fortalece y acelera el proceso. Estaría bien que en vuestras meditaciones consideraseis esto con gratitud. La gratitud es una actitud que crea un flujo de retorno y permite un intercambio mayor de esta conciencia atenta y de apoyo.

El comenzar un cambio dentro de un flujo que está firmemente establecido como es el del secuestro planeado de este planeta, es el aspecto más difícil del proyecto, el de devolver este planeta a la seguridad y a la armonía del equilibrio. Se ha tenido que tomar en consideración y reconocer que hay energías distorsionadas en acción, y posteriormente conseguir descubrir su origen y su propósito. Y después, se ha tenido que poner este conocimiento en palabras, tanto escritas como habladas, y se han buscado maneras de diseminar la información. Y todo esto se debe lograr dentro de un flujo de intenciones negativas, que no sólo está en marcha, sino que también se puede comparar a un río que se mueve a toda velocidad. Y sin embargo, sólo unos pocos de vosotros sois capaces de lograr esta proeza aparentemente imposible, a través de la intención y alimentado por el deseo de salvar a vuestros congéneres y a vuestro planeta de ser explotado. Pues bien, si podemos continuar el proceso con ese mismo nivel de intención y deseo, el de movilizar a muchos "a través" de la información sobre "ellos" hacia el siguiente paso, entonces todo se dirigirá hacia el resultado final deseado. Ya se ha logrado bastante el primer nivel, aunque la gente no fuese consciente del todo, del conocimiento, y comprendiesen hacia donde se está dirigiendo la situación que arrastra a la humanidad. Era la necesidad de informar y de despertar, de manera que "algo" podía hacerse. Han sido los pensamientos de resistencia conducidos por las directrices originales para continuar con el gobierno de la gente lo que ha impulsado el proceso. Desafortunadamente el gobierno de la gente por la propia gente conduce indefectiblemente a la tiranía, un paso tras otro, y en rápida sucesión.

Y el ir más allá, hacia un nuevo paradigma, es el siguiente paso a tomar en la evolución de la conciencia de la humanidad. El entender que el ideal de libertad al asumir la propia responsabilidad personal es lo que ofrece la verdadera solución y permite dar el gran salto a la hora de percibir la realidad, que lo pueda percibir mucha más gente y que no solo acepte esta teoría como una posibilidad, sino que lo vean como algo real, algo a contemplar, es el verdadero camino. No obstante, el ímpetu de los alternativos de no hacer nada durante el colapso del experimento actual proporcionará la suficiente presión como para considerar nuevas alternativas. La falta de un sentido, y de responsabilidad personal dentro del ideal de las entidades elegidas para gobernar será lo que traerá la realización y la importancia de esto como la clave del éxito. El eslabón más débil (músculo) debe ser fortalecido gracias al ejercicio. Se le tiene que dar la oportunidad de ser usado para que pueda fortalecerse. Esto debe ser la base para la salida de la situación presente hacia un nuevo comienzo.

El dar a luz este concepto es lo siguiente en la agenda. Será como el colocar la segunda gran roca gigante en medio de la corriente del río que fluye a toda velocidad para que ésta se divida en dos, y se desvíe en otro canal. Una vez que esté colocada la primera roca, entonces será la hora de añadir la siguiente para que se pueda desviar aún más agua, y entonces ya habrá muchos más disponibles para mover esta roca. Hay un dicho en vuestra cultura que dice que para realizar cualquier tarea difícil es necesario fustigar al caballo que está más dispuesto. No es fácil para el conductor compasivo, pero él sabe lo que se debe hacer. Y desde luego, os bendecimos, a los que estáis dispuestos, en estas horas tan críticas de esta operación de salvamento. Y como también decís vosotros, "hay que mantenerse firmes". Porque desde luego, el esfuerzo bien merece la pena.

No. 22

Se espera que esta conflagración fracase, ya que debe haber un enemigo para que eso suceda. Y si desde luego no existe armamento alguno que se les oponga, ¿entonces que harán las fuerzas oscuras? Ya ha habido ese tipo de conflictos, pero el resultado final no es algo que se deba repetir. Los hubo que se auto-nombraron y que no conocían otro modo de oponerse a las fuerzas de energía distorsionada, y esto resultó en dos males, que no se podían equiparar a un bien. Es imperativo que se entienda que la resistencia armada es del todo inútil. Aquellos de nosotros encargados de asistir en la resolución de esta situación, no lo vamos a apoyar. Y aunque se ha mencionado antes, nos parece apropiado el dejar este punto totalmente claro. Existe un método de resistencia empleado por los trabajadores que están dentro de la industria, cuando están trabajando en las fábricas y los dueños/directores son opresivos. Se llama "obediencia maliciosa". Es extremadamente efectiva durante un tiempo. Durante ese momento los empleados solo hacen lo que se les dice que tienen que hacer. Ejecutan las funciones que se les asignan, pero nada más. Por ejemplo, si una máquina se está estropeando, no hacen nada al respecto. Si un artículo de la línea de producción está fuera de sitio a medida que baja por la cinta y puede engancharse en cualquier momento, no hacen nada. No formaba parte de la tarea que se les asignó. Cooperan exactamente como se les dijo que hicieran. No hacen nada para crear una situación; simplemente permiten que el proceso siga su curso natural. Obediencia total, ninguna resistencia y la situación se deteriora hasta el caos por si mismo. Un punto interesante a tener en cuenta.

¿Significa esto poner la otra mejilla? ¡No exactamente! Es entender el proceso de la creación manifiesta fuera de la naturaleza. Aquello que llega a ser debido al enfoque del pensamiento se mantiene gracias al enfoque continuado. Continúa siempre y cuando sigue sirviendo su propósito, el enfoque de atención positivo lo mantiene en la manifestación. Cuando se retira el apoyo para esto, vuelve al caos. La dirección, como en el ejemplo anterior, raras veces conoce las funciones exactas de las fabricas y está mas bien enfocado en manipular a los trabajadores, a los clientes y las hojas de los balances. Hay tan pocos que se mantienen enfocados en una intención positiva que es difícil que la manifestación mantenga su forma.

¿Y cómo es que la naturaleza es diferente? La naturaleza es la Creación expresándose en armonía consigo misma. El hombre no creó la naturaleza. Los científicos están muy ocupados en alterar la naturaleza en vuestra época. ¿Os habéis molestado en averiguar durante cuánto tiempo se pueden mantener en la forma las distorsiones híbridas? No se pueden replicar a si mismas perfectamente. Los genes se tienen que volver a combinar, y muchas veces eso no ocurre aún

habiendo tenido éxitos en el pasado. Pero, sí que ocurre cuando la
intención está en armonía con la Naturaleza como cuando se producen
flores aún más bellas y con colores diferentes. Ya que la intención es
la de glorificar, no la de explotar el proceso de la naturaleza. Muy
a menudo, aquellos que aman el trabajo con las plantas trabajan
dentro de los procesos de la misma planta para lograr los cambios
con éxito.

El punto de toda esta discusión es que os deis cuenta de la
importancia de la intención del grupo que desea cooperar con
la Creación mientras enfoca en el marco de trabajo del nuevo
paradigma. Se sugiere que consideren la naturaleza como su ideal,
esto les puede dar un punto de partida. ¿Y cómo puede realmente
encajar la naturaleza en la Totalidad de la Creación? ¿Y cómo
puede la humanidad vivir en armonía con la naturaleza, en vez de
intentar tener un dominio (poder) sobre ella? Esto no quiere decir
que la naturaleza no pueda asistir a la humanidad en existir sobre
este planeta, sino más bien que debería ser una relación reciproca. El
futuro implicaría el cooperar con la naturaleza dentro del marco de
las Leyes del Universo.

¿Pero cuáles son esas leyes? ¿Y dónde puede la humanidad
encontrar esas leyes que les han sido ocultadas? En el poco tiempo
que nos queda, ¿hay tiempo suficiente para estudiar la naturaleza
e intentar reunir un conocimiento correcto y exacto, y que éste se
pueda diseminar lo suficientemente rápido? Debes recordar que lo
que necesitas está a tu disposición, pero solo si lo pides. Ya hemos
mencionado la Ley de la Atracción. ¿Pero, y cuántas leyes hay? Menos
de lo que puedas pensar. El número de leyes aplicables aumenta en
cada nivel dimensional, puesto que el aprendizaje de estas leyes y
sus aplicaciones permiten la evolución hacia el siguiente nivel donde
hay más que aprender y aplicar dentro de la experiencia. Dejadnos
comenzar con un repaso de estas leyes. Es un repaso porque os
habéis olvidado de ellas en vuestra estancia en la experiencia en la
3ª dimensión.

La Ley de la Creación subyacente a todo es la Ley De la Atracción.
Simplemente el afirmar que, igual atrae igual. Y lo hace gracias a la
herramienta básica de la Creación—el pensamiento. Tengo entendido
que vuestra Biblia dice "Tal como un hombre piensa, así es él". Si
te enfocas en el cenagal de mal una vez eres consciente de él, le das

fuerza. Es importante el ser consciente de ello, de manera que puedas retirarle tu apoyo gracias al uso de la segunda Ley de La Creación. La Ley del Propósito e Intención deliberada. Conscientemente retirando tu miedo y fascinación por la situación maligna una vez eres consciente de ella, con la intención deliberada de hacerlo así, es cuando estás usando esta Ley. Esto no lo vas a conseguir intentando dejar de pensar en ello. Sólo lo puedes hacer sustituyéndolo por otro pensamiento totalmente diferente. En el caso del plan maligno, requiere la inclusión total de todos aquellos que están implicados. No importa cuales sean los pensamientos siempre y cuando éstos apoyen el plan. La complicidad implica el creer que la intención de aquellos que están participando es para el bien de todos. Quizá ahora puedas ver el poder de la lástima y de la pena por los afligidos alrededor de tu mundo. Esto apoya y sostiene la conciencia de victima requerida, ya que es una complicidad disfrazada. ¿Acaso no los consideras victimas de la guerra o de los desastres naturales o de la pobreza? Debes inspirar profundamente, y aceptar tu parte de responsabilidad, al apoyar sus sentimientos de víctima. También ellos son responsables de la creación de esas situaciones. Tu lástima no va a resolver su miseria. El que elijas deliberadamente crear un nuevo paradigma de experiencia sí que lo va a hacer. Retirando tu enfoque de atención y dirigiéndolo hacia la creación de una nueva experiencia será lo que traerá consigo el cambio mucho más rápido que enviándoles repetidamente ayuda de todo tipo mientras se les considera pobres víctimas inocentes. ¿Para ti, esto suena a tener un corazón duro? Desde nuestro punto de vista, el tener un corazón duro, es ser parte de la creación de estas situaciones horrendas en primer lugar. Debes elegir deliberadamente el implementar tu deseo de crear una experiencia totalmente nueva para ellos, al igual que para vosotros. Cuando eliges poner tu intención más allá de la obra percibida por los 5 sentidos, y en vez, la pones en la creación de una nueva experiencia, estás retirando tu consentimiento y tu apoyo de la experiencia en la que ya no deseas participar. Entonces estás usando la segunda Ley del Universo.

Estas son las dos Leyes que se pueden aplicar en esta situación. Todavía hay dos más y las expondremos aquí, en esta información, cuando sea apropiado. Es importante que progresemos dentro de las Leyes, ya que son aplicables. Y es importante que comprendas que las Leyes del universo son inmutables. No se pueden cambiar o distorsionar. Funcionan sin cuestionarse quién las está aplicando. Cuando consideras el plan de intención maligno que te rodea, los puedes ver trabajando. Igual atrae igual, y el propósito de la intención atrae las situaciones en la manifestación. Sin embargo, hemos intentado haceros comprender que hay matices dentro de estas Leyes que permiten que la Creación continúe. Debe haber una comprensión y una conciencia del ingrediente fundamental del libre albedrío, seguido de un uso correcto de ello. Debido a esto tenemos una variedad infinita dentro de la Creación y como resultado, movimientos expansivos.

Es nuestra firme esperanza que contempléis las implicaciones de esta información y que ilumine vuestro entendimiento al igual que fortalezca vuestra determinación por enrolaros en nuestro equipo ganador.

No. 23

La última vez que tuvimos la ocasión de tratar directamente con aquellos que están detrás de esta trama, fue en una situación tipo conferencia. Por aquel entonces, se les informó de que había un conocimiento total del plan que querían llevar a cabo. Se les dijo que era un intento inútil, pero fue su elección el continuar por el camino que habían elegido. En la medida en que el libre albedrío es el cañón suelto del plan Universal para la evolución, no pudimos hacer nada. Y ahora se ha alcanzado un punto en el que su plan supone realmente una amenaza, no en el sentido de que pudieran alguna vez alcanzar la meta deseada, el de crear un anti-universo/galaxia negativo. Sin embargo, sí que pueden crear un caos inimaginable. Y verdaderamente es una situación muy seria. Esto no es culpa de los habitantes de la Tierra, solo que éste era el planeta con la conciencia y con el tipo de manifestación física corporal que encajaba mejor con sus planes. Esta no es la primera vez que os intentan abrumar, a vosotros los humanos y al planeta, para usaros para sus propósitos. Hace mucho tiempo de esto, en vuestro tiempo secuencial. Entonces estaban muy avanzados tecnológicamente, con sus artilugios, pero no entendían a la humanidad, así que fueron rechazados. Desafortunadamente la humanidad eligió usar la fuerza para ello y de esa manera enterró en su psique la creencia de que la fuerza era la manera de solucionar cualquier conflicto, cualquier usurpación de su apreciada libertad. De alguna manera os casasteis con ellos a través de esta percepción. Esta vez, ellos creen que no repetirán el mismo error que cometieron anteriormente, el de no comprender bien a su enemigo, ya que os han estudiado muy bien. Conocen todas vuestras debilidades y éstas están siendo explotadas para sus propios fines. Sin embargo, su enfoque era para induciros a cooperar con ellos más que para resistirlos, hasta que fuese demasiado tarde para vosotros y ya no pudieseis hacer nada. Han ido trazando planes cuidadosamente para saturaros tanto sensualmente como físicamente. Y concretamente, han enfatizado mucho en la seguridad versus el riesgo de la aventura, excepto dentro de los paradigmas militares. De modo que tenéis seguros de riesgo para todo, en vuestra vida estrictamente controlada. Tenéis vuestros sistema adictivo de pago del cual dependéis, junto con vuestra Seguridad Social. (Daros cuenta que siempre lo ponemos en mayúsculas al igual que vuestras referencia a Dios. Inclusive el omnipresente Satán Claus "Papá Noel" está en mayúsculas). Vuestros héroes son las bien pagadas estrellas del deporte o del cine. ¿Acaso son muy aventureros? Las estrellas de cine, vuestros héroes, son drogadictos y adúlteros abiertamente junto con vuestra estrella de cine presidencial. Recuerda, que si se os puede mantener en el nivel más bajo de vuestra dimensión, no podréis aprovecharos del salto dimensional con el cambio de los ciclos, pero sin embargo, sí se os puede llevar incluso a un nivel de vibración más bajo. En ese punto, su intención es la de separar la energía del alma del cuerpo. No tienen ninguna intención de devolverla a otro cuerpo. Es la energía misma que planean usar como un poder para transformar el caos que intentan causar, de positivo a negativo. Ellos creen que cuanto más baja sea la vibración, más cerca se está del punto cero, y por consiguiente es más maleable. Han llegado a todas estas teorías al intentar estudiar la Creación a través del seguimiento del proceso al revés, desde la manifestación hasta el ímpetu creativo.

Afortunadamente, hay muchos cálculos erróneos en su plan. Pero desde luego, no los suficientes como para evitar el crear un gran caos si sus planes progresasen mucho más. Aquí de nuevo nos enfrentamos con el gran obstáculo, el libre albedrío, el ingrediente clave tanto para hacer que esta situación llegue a existir como para causar que se auto-destruya. Esta llave mágica se haya retenida en la conciencia de los seres de este planeta. El considerar esta situación según el punto de vista de lo anteriormente descrito hace que parezca realmente un futuro muy negro.

Pero, ahora míralo desde el otro lado, del lado de la Creación. Este lado es aventurero, lleno de oportunidades y positivo. No procede por medio de planes largos y exactos. Sino de un modo fluido y expansivo. Se mueve de manera creativa, permitiendo que las experiencias tanto individuales como colectivas se eleven, en vez de que éstas se repriman y se destruyan. ¡Recuerda la imagen del estanque! El otro lado tiene que controlar las ondas desde fuera hacia dentro, mientras que NOSOTROS les podemos causar grandes problemas de contención simplemente usando una sola piedra pequeña, un solo pensamiento continuamente enfocado en la creación. Aquí nos encontramos con dos maneras de moverse completamente opuestas dentro de la totalidad de la Creación. Y ahora, viendo toda la película, ¿por qué lado apostarías?.

Esto no quiere decir que nuestro lado no tenga algunos problemas que resolver, es sólo que nosotros tenemos la conciencia expansiva innata y natural que armoniza con la intención de la experiencia de la Vida. Y aunque parece que la conciencia consciente de las personas se halle en un estado de alucinación dentro de un sueño, ¿cómo hace uno para devolver a una persona hipnotizada a la consciencia? ¿simplemente con un chasquido de dedos? ¿Y tiene ese detonante que estar previamente programado? ¡No necesariamente! El detonante que ellos han planeado es, el que la masa se de cuenta repentinamente del control tan abrumador al que están sometidos, una emoción con la que han planeado alimentarse con gran entusiasmo. Así que, nosotros hemos estado ocupados activando y despertando esta comprensión de una manera lenta y gradual, para no alertarlos del daño que se le está haciendo a su planeado detonante. ¿Te acuerdas de la teoría de los 100 monos? Es como un amanecer creciente en la comprensión de la conciencia de la masa, que aumenta lenta y gradualmente hasta alcanzar una masa crítica, un suficiente numero de individuos con un nuevo concepto, y entonces, todo el resto lo sabe. ¡Adivina que! Estamos desarmando su plan, su detonante. ¿Eres consciente del despertar que está habiendo ahora? Estabais esperando una comprensión repentina mientras nosotros estábamos llevando a cabo lo opuesto. Estamos planeado nuestras propias sorpresas. Realmente es gratificador o divertido como queráis decirlo, el estar en el lado ganador y saberlo.

Ahora es el tiempo de empezar a preparar el paso a seguir en el proceso de un nuevo enfoque para la conciencia del despertar de vuestros habitantes planetarios. ¡Un nuevo paradigma, una nueva experiencia! ¿Con qué rapidez se iniciará la lucha? Tranquilidad, no te pongas a sudar todavía. Simplemente haz tu parte y todo entrará en juego justo a tiempo. Una vez que se haya completado el primer crack en su plan, las cosas se acelerarán en un momento. Simplemente recuerda que nosotros si apenas somos impotentes. Es sólo que nosotros debemos jugar el juego de acuerdo a las reglas que aseguran el éxito. ¡Y no es así para nuestros oponentes! No te olvides que el Creador debe retener todos sus fragmentos; incluso aquellos que percibimos como nuestros oponentes. Él no puede dejar de cuidar de cualquier parte de la totalidad de Su Ser.

*Date cuenta de que usamos el masculino en esta información cuando nos referimos al Creador. Es simplemente porque el crear es un atributo del enfoque masculino, mientras que el utero/matriz o la habilidad de contener la creación de la función masculina se considera un atributo femenino. Y gracias a esto tenemos la representación del Creador masculino y la Madre Tierra. Y ciertamente está equilibrado en la totalidad de la experiencia. Nosotros preferiríamos que las mujeres de la Tierra llegasen a comprender esto y encontrasen su equilibrio dentro de ello pronto.

Que estos atisbos de comprensión sean realmente bendiciones, a medida que continuas cumpliendo tus compromisos dentro de este evento maravilloso. ¡Continua avanzando hacia delante!

No. 24

Es con el alcance de esta información, que se podrá producir el marco de trabajo básico de este movimiento subyacente, y de cómo nosotros os podremos asistir para encabezar las ondas del cambio que se diseminarán a través de toda la conciencia de la masa. Recuerda que cuando la piedrecita es lanzada por primera vez, las primeras ondas expansivas parecen bastante intrascendentes, pero en los momentos siguientes, éstas se mueven hacia fuera en círculos concéntricos cada vez mayores. Este proceso funciona cuando las aguas del estanque están quietas. Y la conciencia de la masa está realmente hipnotizada, en un estado de quietud inducida por la metodología empleada por los que han planeado esta situación. Esto no incluye a los que están involucrados en las escaramuzas de la guerra, sin embargo cuando se considera la totalidad de millones de seres sobre el planeta, debes recordar que hay muchos que no son alcanzados por los medios de comunicación e ignoran totalmente este drama. Por lo tanto, la superficie de la conciencia consciente de la masa permanece bastante quieta. Esta es la razón por la cual es imperativo que nosotros podamos alcanzar nuestras metas y podamos intercalar ahora dentro de la conciencia individual de individuos clave, nuestros cambios. Es el cambio lento e indetectable de patrones de pensamiento dentro de cada individuo lo que entra en contacto con este conocimiento, y que es la base subyacente de nuestro proceso de construcción. Los programas de radio hablado al igual que los datos de apoyo disponibles en Internet, están creando un impacto, además del material adicional tanto impreso como visual disponible para aquellos que todavía tienen que entender y procesar la información del despertar más ampliamente.

Este formato está alcanzando a incontables individuos que ya albergan esta información en niveles distintos de su mente, tanto consciente como subconscientemente. El grado de negación a nivel consciente no importa en este momento secuencial de los eventos. La información está ahí para ser recordada cuando algún asunto, noticia o evento en la experiencia detone el recuerdo de ello. Internet está por todo el planeta y el creciente interés por la información disponible es una medida de la sed por este conocimiento y es una pequeña indicación de lo que está sucediendo. Por favor ten presente que si uno de los anfitriones de un programa hablado realmente dejo de participar, hubo entonces un equipo de apoyo presente y ya en funcionamiento. A los voluntarios se les concede oportunidades, pero los refuerzos siempre están cerca, no sólo esperando, sino ya en sus posiciones. Lo nuestro no es una operación chapucera y pobremente planeada. Al igual que la oposición ha enfocado energía para trazar sus planes e implementarlos; a nosotros esto, tampoco nos era desconocido. Y teniendo todo esto en cuenta, se prepararon planes de manera que cualquier posibilidad para acabar con su esfuerzo en los estadios iniciales fuese posible.

Realmente, ha estado en marcha durante muchísimo tiempo un juego de ajedrez de gran magnitud según vuestros cálculos. Y ahora estamos en los movimientos finales. La comprensión del marco de trabajo básico de este plan conlleva el que veas tu parte en la iniciación de esta fase, como formando parte de la primera piedra. El producir un cambio en la conciencia de la masa implicando a millones de puntos de conciencia gracias a un pequeño grupo con una conciencia de grupo enfocada, es ser realmente ¡una pequeña piedrecita! Es el aspecto del enfoque lo que marca la diferencia, especialmente cuando ese enfoque está en armonía con el propósito subyacente del Creador. A medida que el enfoque abarca a un grupo cada vez mayor, la piedra también se hace cada vez más grande. Sólo porque haya alcanzado la superficie del estanque de la conciencia de la masa de aquellos habitantes del planeta, no quiere decir que todavía haya alcanzado el nivel de la superficie del estanque de la conciencia del Propio planeta en si.

El nivel de conciencia de la Tierra es una historia totalmente distinta, que no ha sido nunca explorada por la humanidad en su estancia en lo que os referís como la actual ola de civilización planetaria. Fue conocido y comprendido en lo que se denominarían niveles "sacerdotales" hace mucho tiempo, pero la información no se diseminó. Al igual que existen lo que llamáis seres con una conciencia que ha trascendido la experiencia en la 3a dimensión y que se han consagrado a la tarea de asistiros en vuestro proceso, también hay focos de conciencia que sirven con este propósito a nivel planetario. Esos son totalmente conscientes de esta situación y todavía no han ejercido su influencia. Lo que vosotros percibís como influencias que afectan a la Tierra misma, son simplemente reacciones normales a los patrones distorsionados producidos por el abuso extremo de vuestra tierra natal. Si la acción en la conciencia de la masa no produce los cambios deseados, entonces una piedra de distinto origen golpeará ese estanque consciente, y desde luego habrá movimientos a ese nivel que no serán nada amables con los habitantes. Desgraciadamente ese nivel de conciencia es inconsciente para los individuos humanos, y así todos experimentarán y sobrevivirán, o no, a aquellos eventos gracias a su intuición, la localización y los movimientos dentro de los eventos a medida que estos ocurran. Todavía es posible cambiar el abuso planeado de los habitantes y del planeta sin ese nivel de implicación.

Como puedes ver al seguir estos mensajes, hay múltiples niveles implicados en esta situación, y apenas si hemos rascado la superficie. No está planeado el abrumaros con información, sino simplemente el presentaros aquello que os pueda servir para que comprendáis que no se os ha abandonado, sino que se os apoya plenamente, y para que podáis disponer totalmente de esta oportunidad, la de trascender a través de los ciclos. No es necesario que se le de esta información a toda la humanidad para que ésta pueda participar en este momento de vuestro tiempo. La mayoría ni siquiera lo consideraría. Esto es para aquellos que están abiertos a ello y se sienten reconfortados al saber que sus esfuerzos son reconocidos, tenidos en cuenta y apoyados. Muchos han seguido con sus misiones sin saber el porqué o el cómo los iban a lograr, pero han aprovechado la oportunidad y han continuado, porque había una certeza de que eso era lo que "tenían" que hacer. Eso el valor, sin duda alguna, lo cual no pasará sin ser reconocido en el recuento final de este gran esfuerzo.

Bendiciones para todos aquellos que leen y consideran esta información, pues es otorgada dentro del enfoque de Amor que es la Fuente de esta oportunidad a través de la experiencia.

No. 25

Ahora que estamos empezando a alcanzar un nivel de entendimiento sobre el formato básico, y que es la base de vuestro enfoque de ayuda dentro de una visión mayor, es posible expandirse hacia más niveles de información. Estos no se encuentran a un nivel de actividad física, sino en el área más importante del uso del pensamiento creativo. En la medida en que sois un fragmento enfocado de la conciencia del Creador, ahora es vuestro momento de empezar a cumplir con vuestro propósito de expandir el uso del concepto holográfico, que ha sido el vehículo de vuestro viaje hacia la experiencia en la 3ª dimensión.

Este no es un proceso que pretenda abrumar o causar resistencia en vuestra conciencia. Conocéis muy bien estos conceptos a niveles más profundos, y os resultarán bastante familiares, proporcionándoos relax y comprensión de los términos. Estos comenzarán a despertar el proceso interno de conmemoración. Es dentro de vuestra comprensión que un fragmento del todo puede a través de un proceso holográfico, representar la totalidad. Es gracias a la proyección de luz a través del fragmento que se reproduce la ilusión del todo del cual vino, de modo que la naturaleza de la totalidad pueda ser conocida. Si este es el caso, entonces tu eres una representación del Todo, del cual fuiste proyectado. Y si esto es verdad, entonces ¿cómo es posible que haya diversidad en lo que ves a tu alrededor? ¿Acaso no debería ser este un mundo de replicas exactas? Si la Fuente de la totalidad replicada se limitase a un solo foco de experiencia, entonces eso sería cierto.

Sin embargo, si la Totalidad de esa Fuente es multidimensional y dentro de su estructura sostiene la potencialidad de múltiples enfoques con distintos propósitos, entonces cada fragmento proyectado, dibuja sobre ese campo ilimitado, infinitas posibilidades. El pensamiento proporciona la movilidad que permite a la Creación fluir dentro de la manifestación. El pensamiento tiene el potencial de pensar en si mismo y sobre si mismo. Esta es otra manera de describir el Libre Albedrío. Y por lo tanto, estos niveles añadidos de actividad, posibilitan que esté presente una variedad infinita.

Pues bien, si esto es verdad, ¿entonces por qué no es cada fragmento totalmente diferente? Fuisteis creados a imagen y similitud (semejanza) de aquello que os proyectó en la existencia. Aquí, la ley de la atracción de lo similar a pesar de las diferencias está funcionando. Si eso no fuese así, entonces no podría haber un intercambio de pensamiento y la Creación sería simplemente un campo interminable de diversidad sin conexión entre ella. Entra en lo que llamáis inteligencia, que no es otra cosa que pensamiento pensante en si mismo, y que al observarse a si mismo, se contempla a si mismo, una actividad en espiral. El pensamiento enfocado se piensa a si mismo hacia fuera, en la manifestación. Esto es un enlentecimiento de la tasa vibratoria del pensamiento que se extiende hacia el nivel más bajo en el cual puede contener su intención y su propósito. En ese punto, el pensamiento manifestado, ya no puede percibir a su Fuente. Se encuentra en un estado de conciencia pensante en el cual puede ahora, percibirse a si mismo y al entorno que le rodea. En vuestra lengua vernácula es, que ya no puede recordar claramente la naturaleza de su Fuente, así que se ha olvidado. Ya que es pensamiento proyectado, debe mantener su conexión para poder permanecer en la manifestación. A través de esta conexión, reside el potencial del fragmento para enfocar sus propios procesos de pensamiento intencionadamente, de vuelta a través de este flujo energético conectivo y entonces empezar a "recordar" lo que es, que en definitiva es pensamiento pensante en y sobre si mismo.

Ya que la proyección holográfica es un proceso de extensión del movimiento hacia fuera del pensamiento, la inclinación natural es la de continuar el movimiento hacia fuera a través del uso, en esta situación, de las herramientas perceptivas del pensar (observar).

Verdaderamente podríamos continuar hasta llenar volúmenes y más volúmenes de libros hasta cubrir la historia del principio de este planeta y la historia de sus habitantes, pero esto nos alejaría demasiado del propósito de este mensaje. El punto es el de haceros comprender que el pensamiento pensante en y sobre sí mismo, es algo que experimentáis comúnmente, ya que eso es exactamente lo que sois. Al elegir, creáis experiencias diversas. A través de pensar y elegir, cada uno experimenta situaciones comúnmente compartidas de un modo diferente. Esto es el flujo natural de la Creación dentro de si mismo.

Esto suena a muy idealista cuando se considera la situación actual que te rodea. Cuando muchos seres humanos (extensiones del pensamiento pertenecientes a enfoques de dimensiones más altas) experimentan interacciones con patrones de pensamiento combinados, evolucionan. Estos patrones de pensamiento en movimiento son algo como vuestro proceso respiratorio. Se expanden hasta cierto punto y luego se relajan y se contraen de nuevo, al volver primero a un estado de quietud. Y al estar involucrados en este proceso, experimentáis polaridades positivas y negativas, o así los habéis llamado. Es un proceso lento en espiral, que al igual que vuestro proceso respiratorio, pretende asistiros en un proceso lento en espiral.

Si estos son los parámetros de la experiencia, entonces podréis empezar a percibir que la fase de contracción-relajación de vuestro proceso en este momento en la experiencia planetaria, no está en un estado normal. Realmente está muy distorsionado. Vuestro pretendido proceso de elección de libertad de pensamiento, ha sido violado. Son capas de pensamiento distorsionado, experimentando contracción, que se han saltado el punto de quietud que normalmente permite de nuevo, la vuelta al modo expansivo. Por suerte, ahora podéis revestir este entendimiento sobre la experiencia planetaria. Y si es así, como podéis ver, para que el plan distorsionado pueda cumplir su momento de inicio, seguido del caos planeado, lo cual es su campo de oportunidad para provocar un cambio de polaridad, deben permitir que se alcance este punto de quietud. Su ideal es obtener esto, abrumando a la mayor parte de la conciencia consciente de este planeta a través de la mayoría de sus habitantes. Y todo esto, se ha planeado para hacerlo coincidir con el final, o el cambio de un Ciclo creativo mayor en esta Galaxia. Y aquí es donde reside, dentro de su programa y su metodología, su mayor debilidad. Ya que la contracción de la conciencia más allá de la norma Universal, colocado momentáneamente en un punto de quietud, crea la oportunidad para una expansión reactiva de proporciones mayores. Detonadores cuidadosamente colocados dentro de esta misma conciencia de contracción puede asegurar esta expansión. ¡Bienvenido al lado ganador! ¡Ciertamente! Enfoca y manifiesta!

No. 26

Ahora es apropiado, gracias al cambio de percepción y a una mayor comprensión dentro del grupo clave de visionarios, el empezar el enfoque de la concepción del nuevo paradigma de experiencia. Tal como es el patrón, muchos serán los que recibirán esta estimulación cósmica, y aquellos, los perfectos, serán los que responderán cuando se presente la oportunidad de participar. Recuerda que este proceso continuado pasará por fases de nacimiento dentro de la conciencia tanto individual como colectivamente, siguiendo un movimiento trascendente, suave y sutil. No esperes una reacción masiva, en el que de repente muchas personas se suban al carro. Será un movimiento hacia fuera, como en un susurro de conciencia. De nuevo, piensa en los términos de los patrones de la naturaleza. Cuando observas la naturaleza, ves espirales en el lento proceso de crecimiento, como en las espirales que se forman en las conchas y en el funcionamiento de la respiración. Aunque es invisible en la forma, es el proceso que comienza en el nacimiento y que contiene cada forma mamífera a lo largo de su vida secuencial. Considera el proceso del nacimiento a través de la forma de la respiración, expansión y contracción, provocando un movimiento hacia la meta dentro de una espiral trascendente y llevándolo hasta su finalización. Veréis como la información conceptual viaja hacia fuera, una inspiración para

considerarlo, y de nuevo hacia fuera y otra vez una inspiración de
discusiones compartidas, moviéndose hacia el enfoque deseado de la
nueva experiencia. La intención alimentada por el deseo de una nueva
experiencia será lo que producirá el proceso de construcción sobre
la base del enfoque, mantenido por múltiples niveles de conciencia
con intención de apoyo, para que esta situación sea conducida hacia
el nuevo paradigma.

Este es el momento apropiado para considerar el concepto de
auto–rechazo que debe ser corregido para asegurarnos el éxito.
Debido a la desinformación largamente planeada por las religiones
de vuestro planeta, pensáis que el foco de asistencia que os llega es
de fuera. Miráis hacia arriba, a las luces que os rodean en el cielo por
la noche y presumís que viene de "ahí". Desde luego, que es posible
intercambiar energías al nivel de la manifestación, no obstante, el
flujo de la Creación es de dentro a fuera. Es un proceso expansivo.
De nuevo os debemos recordar, el flujo hacia dentro y hacia fuera
del proceso respiratorio. Lo que vuestros científicos observan como
el agotamiento y la destrucción a través de los agujero negros, etc.,
es en vez, la evidencia del proceso respiratorio incorporando los
cambios en espiral de los saltos hacia dimensiones vibratorias más
elevadas. A medida que esto ocurre, los campos de energía apropiados
se mueven a través de este proceso. Si todo fuese energía, entonces
lo que se observa habría sido "devorado" hace mucho tiempo por
un solo agujero negro. (De nuevo aquí podéis empezar a entender
la magnitud de los planes del enfoque negativo, al intentar crear
una realidad opuesta, a través del proceso de forzar a esta Galaxia a
atravesar un proceso opuesto al flujo creativo). Lo que es percibido
por los científicos como la compactación de la energía en una pequeña
bola de peso molecular masivo, es por supuesto, totalmente ridículo.
La energía se expande dentro del proceso de conversión gracias al
aumento de sus niveles vibratorios a medida que avanza y se mueve
hacia una nuevo paradigma de expresión. ¿Está esta Galaxia, o una
pequeña porción de ella atravesando el proceso de un agujero negro?
No hay conocimiento de ello. ¿Y qué si fuese verdad? Si fuese a
suceder, apenas si sería una experiencia infernal.

Dejadnos volver al punto de antes. El decir que nuestro plan
está en movimiento no significa que los contactos conscientes con
los seres aparentemente apropiados con un propósito compartido

y dedicación, se haya cerca de su finalización. Es este proceso de concepción, el foco de estas lecciones. Aquello que debe ser cumplido en niveles más sutiles, depende de este proceso, procediendo dentro de parámetros bien definidos. Se fomenta y se alienta el flujo expansivo de esta información a aquellos que están comprometidos. Es de lo más significativo en su conjunto, pero cada uno puede adoptar la postura por si mismo que considere más apropiada. Se han evitado mayoritariamente palabras clave que pudiesen hacer tropezar a estos detonadores, los que han sido interceptados, y las referencias a los seres y a los procesos de "interés" se han hecho del modo más sutil posible. Es hora de que el empleo de esas referencias sea virtualmente eliminado, ya que nuestra intención está enfocada en la información que os educa e informa sobre la verdadera naturaleza de vosotros mismos y las formas energéticas y funciones de la Creación del cual sois una parte integrante.

Dejadnos aclarar muy bien un punto. Este foco de información no es "Dios" hablándoos directamente. Aquello a lo que llamáis por ese nombre, es un revoltijo confuso y malentendido de desinformación. Lo que ha sucedido es que aquello que se podría personificar como el Creador de esta Galaxia, no es el foco de la totalidad de Todo lo que Es. Para hacerlo comprensible, quizá, permitidnos volver de nuevo al proceso respiratorio como ejemplo. El Todo Lo Que Es subyacente, es pura potencialidad e incluso a niveles más sutiles más allá de eso, que son imperceptibles, ya que el percibirlo sería limitarlo. En su nivel conceptual, la respiración es expansión cuando espiráis, luego descanso, inspiración, de nuevo quietud y vuelta a repetir. La potencialidad está mayoritariamente disponible para "la absorción" (gran generalización) en los momentos de quietud. A lo largo de la totalidad de la expresión de la Potencialidad dentro de la experiencia hay variedad de grados de conciencia que ya han comenzado sus viajes de retorno, al darse cuenta primero, de que son pequeñitos fragmentos holográficos del enfoque de su Creador. Este enfoque creativo es a su vez un fragmento pequeñito de un enfoque más sutil y que abarca más, la Potencialidad que subyace a una Creación mayor, y que hasta cierto punto ha nacido de eso que se haya más allá, en un estado desconocido. ¿Volveremos a ese estado de desconocimiento? ¿Es esa nuestra meta última en las partes más lejanas de la eternidad? Lo dudo, ya que parece que para moverse a través del viaje de retorno, se necesita justamente lo contrario para poder progresar. Debes recordar que una de vuestras grandes distorsiones a la hora de entender la Creación a este nivel, es vuestro concepto de tener que necesitar el medir la experiencia como algo lineal, en lo que vosotros llamáis tiempo. También es una gran barrera para aquellos de nosotros que estamos demasiado interesados en la experiencia como para molestarnos en medirlo. No concebimos ninguna razón para hacerlo, ya que Sabemos que el Orden Divino carece de parámetros secuenciales.

Volviendo de nuevo a nuestra discusión sobre vuestro concepto de "Dios", ahora podéis ver el por qué hemos sustituido el término de "Dios" por los de "Creación" y "Creador", con la esperanza de poder empezar a cambiar vuestra percepción. La palabra "Dios" en si misma despierta en muchos, sentimientos que provocan una agitación interna, ya que a un nivel más profundo saben que las enseñanzas religiosas durante un larga secuencia de experiencias, sólo les ha traído confusión. Estas les han aportado una representación distorsionada de la Fuente de su origen. Es importante que aquellos que intentan crear el nuevo paradigma, tengan al menos una claridad básica sobre la naturaleza de su identidad y de la Fuente de su existencia. No es necesario que se comprenda, de momento, lo que se encuentra más allá de esta Galaxia. El saber que ES, es todo lo que se necesita. Nuestro enfoque reside enla Creación de nuestro Creador. Él (andrógino, pero en el modo creativo masculino) puede ser llamado "Dios", pero francamente, se recomienda usarun nombre nuevo. Os podéis dirigir a Él, pero la comunicación sólo se recibe cuando está en armonía con el fluir hacia fuera de su expresión. "En Su Nombre" como una expresión en vuestra Biblia, pretendía deciros donde situar el enfoque de vuestra oración dentro de ese propósito intencionado. Debéis hacer una petición que pretenda crear, dentro de la armonía de Su actitud de "todo lo que es necesario para traeros lo que deseáis está a vuestra disposición. Sois un fragmento de Él y a través de vosotros, Él (la conciencia del "yo soy" de vuestra conexión) está experimentando la expansión de la conciencia total que sois Tú/Él". A medida que lo haces, es una experiencia compartida. Comoun fragmento de Él, creas por atracción todas tus experiencias. Pero usando la Ley de la Intención en cooperación armoniosa dentro de Su modo expansivo, es como creáis resueltamente, o creáis nuevos paradigmas de experiencia.

Se espera que esta información sea una bendición a través de la expansión del entendimiento, ¡de quién y de qué eres! ¡Lo vuestro es una herencia gloriosa, celebradlo!

No. 27

Cuando vuestra percepción del tiempo se ajuste para incluir la posibilidad de abandonar la necesidad de medir las experiencias en bloques, como algo importante, más que el simplemente permitir que fluya a través de vuestra experiencia, habréis superado un gran impedimento para vuestro progreso. Al principio de la existencia de vuestro planeta, no había una inclinación del eje, de modo que las estaciones tal y como las conocéis en la actualidad no existían.

Esto confinó la existencia vegetal y animal a unas zonas de temperaturas más moderadas, pero el crecimiento fue muy prolífico y se extendió después, más de lo que os podéis imaginar, hacia las áreas más frías, debido a la adaptación. El efecto de la inclinación es lo que causó que tuvieseis las estaciones como un bloque más de la experiencia para medir el tiempo.

Un continuo de días y de noches dentro de un patrón de tiempo en general estable, trae consigo un enfoque más relajado sobre la necesidad de medir el tiempo dentro de la experiencia de supervivencia. Antes de la distorsión de la energía de competición, la cooperación era una clave para la existencia. Cuando consideramos los estilos de vida de aquellos a los que os referís como tribus indígenas en las latitudes ecuatoriales de vuestro planeta, vemos que enfatizan mucho menos en medir el tiempo en bloques, y mucho más en la cooperación dentro de los grupos de supervivencia. Hay menos competitividad entre los grupos de lo que se representa en vuestras películas, excluyendo áreas como África debido a influencias externas planeadas. Estas son consideraciones a incluir dentro de vuestro nuevo paradigma. Cuanto mayor es el desequilibrio de los habitantes planetarios, mayor es el desequilibrio del planeta como un todo. Es dentro del cambio de los ciclos galácticos, en donde reside la oportunidad para reequilibrar tanto a los habitantes como al planeta. Esto no quiere decir que el planeta necesariamente tenga que desplazarse de nuevo 23 grados para alcanzar el equilibrio perfecto, pero desde luego que sí se podría realizar algún cambio.

Es interesante mencionar que hay una tendencia en lo que llamáis "puntos de vista políticos liberales" hacia la eliminación de la competición dentro de las experiencias educacionales de vuestros niños y que, esto está topando con una férrea resistencia. Por supuesto, hay motivos ulteriores para ello, ya que esto más adelante calmaría a los niños y los induciría a tener experiencias cada vez menos creativas. La competición atlética trae consigo deseos de sobresalir, y el concepto se transfiere al deseo de sobresalir en otras áreas. Esto ha sido un gran obstáculo para sus planes, mayor de lo que se esperaban. Como una nota aparte interesante, comentar que, los mayores avances en estilo de vida, arte y música genuina se han logrado durante los periodos prolongados de paz, cuando no ha habido competición dentro de los conflictos de la guerra. La historia de China contiene largos periodos de tiempo en donde estuvo libre de invasiones de otros grupos culturales y donde hubo pocos matrimonios con grupos de fuera. Desafortunadamente, la super población era un contrapeso, y estas mejoras no estaban disponibles generalmente para todos los ciudadanos. No obstante, el enfoque se dirigió hacia el interior, hacia la contemplación y hacia el deseo de tener una experiencia mayor, y una existencia más inspiradora y más feliz. Mucho se logró durante aquellos periodos.

Un nuevo paradigma debe incluir el deseo de elevar la experiencia humana por encima del pensamiento crucial y de los patrones de comportamiento, que fuerzan a éstas distorsiones a repetirse generación tras generación. El deseo de hacerlo queda patente en la miríada de libros de auto¬ayuda existentes, cintas y caminos andados hacia las consultas de psicólogos y psiquiatras. El acercamiento es de fuera hacia dentro al considerar la acción e intentar encontrar la experiencia enterrada que ha causado los hábitos reactivos. Aquí de nuevo previendo un nuevo paradigma y enfocando en experimentarlo, en vez de arreglar lo viejo, otorgaría poder al nuevo reino de existencia deseado. Sin embargo, sería realmente difícil el mantener un nivel de experiencia diferente dentro del entorno circundante, aún habiéndose alcanzado dicha habilidad. Y al igual que, más de un cangrejo en una cesta no permitiría que ninguna se escapase de ésta, así ocurre con la experiencia humana. El nuevo paradigma debe ser el deseo de un grupo enfocado y en mutua cooperación, con un propósito claramente fijado, y cuyo enfoque pueda ser mantenido durante un periodo de tiempo lo suficientemente largo como para manifestarlo.

Y ahora, ya puedes comprender que, lo que el enfoque del grupo debe llevar a cabo, es la creación de un propósito, que esté claramente indicado, y que sea atractivo para toda la humanidad. Adjuntamos la apología de un ensayo escrito en 1899, mucho antes de que existiese la comunicación instantánea. Narra las crónicas de lo que sucedió, cuando se publicó en una pequeña revista intrascendente. Se titulaba "Un mensaje para García". Si un solo mensaje tan inspirador pudo viajar por todo el mundo, ¡entonces piensa en el efecto que produciría a la hora de lograr nuestra meta, un mensaje con un propósito que lo abarcase todo! Y aunque el estar enfocado en sacar a la luz la información sobre la existencia de los planeadores malévolos y sus actos, a medida que los habéis ido descubriendo, era un primer paso necesario, realmente no ha conseguido una respuesta reactiva. Es exactamente igual que lo que hemos dicho antes, la victima/mártir que puede haber engendrado, no forman parte del verdadero paradigma de experiencia dentro del flujo Creativo. Lo que se necesita es un eje central, un punto que pueda ser alcanzado antes del cierre de los ciclos. No es necesario que se cumpla en un momento, simultáneamente. Es mejor que se dé como un evento dentro de la conciencia consciente de cada individuo. Ese proceso no lo convierte en un punto menos importante. Sino que proveerá el terreno para que se den los grandes cambios fundamentales en la conciencia consciente, que ocurrirán dentro de la experiencia secuencial.

De nuevo os recordamos que el libre albedrío permite a aquellos que así lo decidan, el permanecer en el patrón de la existencia presente. No os preocupéis por ellos. El ingrediente del libre albedrío es la sopa de la experiencia que nos enseña otra de las Leyes Universales, la de la Permisividad (el dejar hacer al otro). La responsabilidad personal es justamente eso--PERSONAL. Quiere decir que uno está preocupado por la elección de su propia experiencia, y no es responsable de las experiencias de los demás. A todos se les permite el participar dentro de un grupo enfocado de experiencia cooperativa o no. No obstante, el elegir no participar tiene sus consecuencias. A aquellos que eligen deliberadamente el no participar en acabar con el paradigma presente, se les permitirá continuar en otra parte, con alguna forma diferente. Se les permite elegir su modo de experiencia en esta situación. La Permisividad es la ley más difícil de aprender en el nivel de la 3ª dimensión debido a que está profundamente arraigada la necesidad de controlar. El control es trascendido gracias a la práctica de la Ley de la Permisividad. En este punto de la discusión, nos encontramos con la situación del abuso infantil. Los niños están dentro de la influencia del sistema de creencias de los padres. Las creencias de los padres y aquello en lo que enfocan, es lo que atrae al grupo familiar, determinadas experiencias. La información de la historia familiar pasada está codificada dentro de la combinación de genes que representan los eventos acaecidos a algunos miembros de la familia y no a otros. Se enfatiza en el hecho de que la paternidad no se trata simplemente de tener niños planeadamente o no. Es la responsabilidad personal de cada padre y ambos padres a la vez, el de criar a los niños con una comprensión de la amplia posibilidad de influencias que tal empresa implica.

Es importante al llegar a este punto, el comentar el por qué varias palabras en este texto están en mayúsculas. Lo que se pretende es que este material esté lo más libre posible de connotaciones religiosas. Las experiencias actuales y del pasado con la manipulación y el control sacerdotal provocan inmediatamente una negación y una distorsión a la hora de comprender información que contenga dicha referencias, debido a la desinformación sobre el control de lo que llamáis dios. Os podemos asegurar que al creador no le importa lo más mínimo que lo honréis poniendo en mayúsculas todas las referencias referidas a él. Está mucho más interesado en si os armonizáis con el flujo expansivo de su enfoque creativo. Y hay un problema, porque las mismísimas palabras que elegís para indicar la conciencia de este flujo de energía, genera reacciones emocionales. Pero esto no se puede evitar, así que es mejor, al menos, obviar las mayúsculas. Es un detonante que es mejor dejar inactivo.

Es nuestra intención que estas discusiones continuadas traigan un entendimiento más profundo con respecto al propósito que amenaza vuestro futuro inmediato. Se espera que os apoye y os fortalezca en vuestro compromiso, para continuar con vuestro progreso a lo largo de este camino hacia la terminación de este segmento en la experiencia. Sin embargo, no planeéis un largo descanso y relajación hasta el final.

Un mensaje para García Por Elbert Hubbard (Fra Elbertus)

Los Roycrofters East . Avrora . Erie . Covray . NY

Apología

Esta insignificancia literaria, Un mensaje para García, se escribió una noche después de cenar, en una sola hora. Fue el veintidós de febrero, de mil ochocientos diecinueve, era el cumpleaños de Washington, y estábamos a punto de proseguir con la Marcha Philistine. El asunto saltó poderosamente de mi corazón, escrito después de un día duro, cuando estuve intentando adiestrar a algunos aldeanos bastante delincuentes, para que renunciasen a su estado comatoso y se activasen.

La idea de hecho, vino de repente, gracias a una pequeña discusión tomando unas tazas de té, cuando mi hijo Bert sugirió que Rowan era el verdadero héroe de la Guerra Cubana. Rowan se fué solo, e hizo lo que tenía que hacer—,llevarle el mensaje a García.

¡Me vino como un flash! Si, el chico tenía razón, el héroe es el hombre que hace su trabajo—el que le lleva el mensaje a García.

Me levanté de la mesa, y escribí Un mensaje para García. Lo pensé tan poco, que lo publicamos en la Revista sin un encabezamiento. La edición salió, y pronto empezaron a llegar encargos de copias extra de la Marcha Philistine, una docena, cincuenta, cien; y cuando la Compañía Americana de Noticias (American News Company) encargó mil, le pregunté a uno de mis ayudantes, cual era el artículo que había removido el polvo cósmico. "Es el asunto ese sobre García," dijo.

Al día siguiente llegó un telegrama de George H.Daniels, del New York Central Railroad (Central de Ferrocarriles de Nueva York) con: "Poner precio a cien mil artículos de Rowan en forma de panfleto—Anuncio del Empire State Express detrás—y también cuanto tardará en fletarse."

Respondí dando el precio, y dije que podríamos suministrar los panfletos en dos años. Nuestras instalaciones eran pequeñas y cien mil folletos parecían como una tarea espantosa.

El resultado fue que le dí al Sr.Daniels permiso para reimprimir el artículo a su manera. Lo publicó en forma de panfleto y en ediciones de medio millón. El Sr.Daniels envió dos o tres de estos lotes de medio millón, y además el artículo se reimprimió en doscientas revistas y periódicos. Se ha traducido a todos los idiomas escritos.

En el momento en que el Sr.Daniels estaba distribuyendo el Mensaje para García, el Príncipe Hilakoff, Director del Ferrocarril Ruso, estaba en este país. Era el invitado del New York Central, e hizo una gira por el país bajo la supervisión personal del Sr.Daniels. El príncipe vio el pequeño libro y se interesó por él, y más aún porque el Sr.Daniels lo estaba sacando en grandes cantidades, probablemente, deliberadamente.

En cualquier caso, cuando llegó a casa hizo que se lo tradujeran al ruso, y que se le entregara una copia del panfleto a cada empleado del ferrocarril en Rusia.

Otros países entonces, también le imitaron, y de Rusia pasó a Alemania, a Francia, España, Turquía, la India y a China. Durante la guerra entre Rusia y Japón, se le daba a cada soldado Ruso que iba al frente una copia del Mensaje para García. Los Japoneses, al encontrar los folletos en posesión de los prisioneros rusos, concluyeron que debía ser una buena cosa, y en consecuencia lo tradujeron al japonés. Y bajo las ordenes del Mikado, se le dio una copia a todos los hombres que estaban empleados en el Gobierno Japonés, ya bien fuesen soldados o civiles. Se han impreso alrededor de cuarenta millones de copias de Un Mensaje Para García. Se dice que es la mayor empresa literaria del autor puesta en circulación, más que cualquier otra, en toda la historia—gracias a una serie de accidentes fortuitos!

E.H East Aurora,
1 de Diciembre, 1913.
"UN MENSAJE PARA GARCÍA"

En todo este asunto cubano, hay un solo hombre que destaca en el horizonte de mi memoria como Marte cuando está más cerca del sol.

Cuando se declaró la guerra entre España y Estados Unidos, fue muy necesario el comunicarse rápidamente con el líder de los insurgentes. García se encontraba en algún lugar de las faldas montañosas de Cuba—nadie sabía dónde. No se le podía hacer llegar ningún correo o mensaje de telégrafo. El presidente tenía que conseguir su cooperación, y rápidamente. ¡Qué hacer!

Alguien le dijo al Presidente, "Hay un chico con el nombre de Rowan que le encontrará a García, si es que hay alguien que pueda."

Se envió a Rowan y se le dio una carta para que se la entregara a García. De cómo "un chico llamado Rowan" cogió la carta, la selló en una bolsa pequeña de hule, se la amarró alrededor del pecho, en cuatro días aterrizó en un barco abierto por la noche en la costa Cubana, desapareció en la jungla, y en tres semanas salió por el otro lado de la isla, habiendo atravesado tierra hostil a pie, y habiendo entregado la carta a García—es algo que ahora no tengo un especial interés en contar en detalle. El punto que deseo hacer es el siguiente: McKinley le dio una carta a Rowan para que éste se la entregase a García; Rowan cogió la carta y no preguntó, "¿Dónde está?"

Por el Eterno, que hay un hombre cuya forma debería ser esculpida en bronce inmortal y la estatua colocada en cada escuela de la tierra. No es el aprenderse los libros de memoria lo que los hombres jóvenes necesitan, ni instrucciones sobre esto o aquello, sino el tener una columna bien erguida lo que les hará ser leales a una esperanza, a actuar rápidamente, y a concentrar sus energías: hacer lo que se tiene que hacer—"Llevarle el mensaje a García."

El General García ahora está muerto, pero hay otros Garcías. Ningún hombre que ha procurado llevar a cabo una empresa en donde se han necesitado muchas manos, se ha sentido al mismo tiempo casi horrorizado, a momentos, por la imbecilidad del hombre promedio—por la inhabilidad o la falta de voluntad de concentrarse en algo y hacerlo.

Ayuda chapucera, falta de atención estúpida, indiferencia poco elegante, y trabajo a medio hacer parecen la norma; y ningún hombre triunfa, a menos que engañe o delinca, o amenace o fuerce, o soborne a otros hombres para que le asistan; o alborote, o Dios en Su bondad realiza un milagro, y le envía un Ángel de Luz como ayudante.

Y tú lector, haz la siguiente prueba: Ahora estás sentado en tu oficina— hay seis oficinistas de guardia. Convoca a cualquiera y hazle la siguiente petición: "Por favor mira en la enciclopedia y hazme un breve memorando acerca de la vida de Corregio," ¿Te dirá el empleado tranquilamente, "Si, señor", e ira a hacer su tarea?

No lo hará en su vida. Te mirará con cara de pez y te hará una o varias de las siguientes preguntas: ¿Quién era?, ¿Qué enciclopedia?, ¿Se me ha contratado para esto?, ¿No quería decir Bismark?, ¿Qué pasa con Charlie, no lo puede hacer él?, ¿Está muerto?, ¿Es urgente?, ¿No seria mejor que le trajera el libro y que lo mirara usted mismo?, ¿Para qué lo quiere saber? Y te apuesto una contra diez que después de haber contestado a las preguntas, y haber explicado como encontrar la información, y el por qué lo quieres, el oficinista se irá y buscará a otro oficinista para que le ayude a encontrar a García—y entonces volverá y te dirá que no existe tal hombre. Claro que, puedo perder mi apuesta, pero de acuerdo a la Ley del Promedio, no lo haré. Ahora bien, si eres sabio, no te molestarás en explicarle a tu "ayudante" que Corregio está bajo la C, ni la K, sino que sonreirás dulcemente y dirás, "Está bien, no te preocupes", e irás y lo mirarás tu mismo. Y esta incapacidad de actuar independientemente, esta estupidez verbal, esta enfermedad de la voluntad, el no estar dispuesto a pillarlo y subir con entusiasmo—estas son las cosas que colocan el puro socialismo tan lejos en el futuro. Si los hombres no actúan por y para si mismos, entonces ¿qué harán cuando el beneficio de su esfuerzo sea para el bien todos?

Parece que es necesario un primer oficial con una porra; y el pavor de que les "boten" fuera el sábado noche, para mantener a muchos trabajadores en su sitio. Pon un anuncio solicitando un taquígrafo, y verás que nueve de diez de los que se presentan a la solicitud no saben ni escribir ni puntuar—y tampoco piensan que es necesario.

¿Puede alguien así escribir una carta a García? "Ves ese contable," me dijo el capataz de una gran fabrica. "Sí; ¿y qué de él?"

"Pues bien, es un buen contable, pero si le envío a las afueras de la ciudad para hacer un recado, puede que lo cumpla, pero por otro lado, puede que se pare en cuatro bares por el camino, y cuando llegue a la calle principal, se haya olvidado de para qué se le había enviado." ¿Se puede confiar en un hombre así para llevarle un mensaje a García?

Hemos estado escuchando recientemente mucha sensiblería compasiva en favor de los "moradores oprimidos de las confiterías" y los "vagabundos sin techo en busca de un empleo honesto," y con ello van, muy a menudo, palabras muy duras para los hombres que están en el poder.

Nada se dice del empleado que envejece antes de tiempo en un vano intento de hacer bien e inteligentemente su trabajo; y su largo, paciente esfuerzo en pos de "ayudar" que no hace más que quebrarse la espalda cuando se dobla. En cada almacén y fabrica hay un constante proceso de sacar las malas hierbas que está en marcha. El empleado está constantemente pidiendo "ayuda" afuera, mostrando su incapacidad para favorecer los intereses del negocio, y haciéndose otros, cargo de ello. No importa lo bueno que sean los tiempos, esta clasificación continua: sólo, si los tiempos son duros y el trabajo escasea, la clasificación se hace mejor—pero allí fuera, por siempre, van los incompetentes y los indignos. Es la supervivencia del más fuerte. El propio interés impulsa a cada empleado a mantener lo mejor de aquellos que sí pueden llevarle un mensaje a García.

Conozco un hombre con aspectos realmente brillantes, pero que no tiene la habilidad de llevar su propio negocio, y aún así es absolutamente inútil para los demás, ya que lleva consigo constantemente la insana sospecha de que cada empleado le está oprimiendo, o al menos lo está intentando. No puede dar ordenes, y tampoco los puede recibir. ¿Se le tendría que dar a él, el mensaje, para que se lo llevase a García?, su respuesta probablemente sería, "¡Llévaselo tu mismo!". Esta noche, este hombre está recorriendo las calles en busca de trabajo, y el viento soplando a través de su abrigo gastado. Nadie que lo conozca se atreve a emplearlo, puesto que es un instigador habitual de descontento. Es insensible a los razonamientos, y lo único que le puede impresionar es un pisotón en el dedo gordo del pie, con una bota del 46 y con una suela bien gorda.

Por supuesto que, ya que a alguien tan deformado moralmente, no se le puede compadecer menos que a un tullido físico; pero con nuestra compasión, permitámonos también, el soltar una lagrima por aquellos hombres que están luchando por llevar a cabo una gran empresa, cuyas horas de trabajo no están limitadas a un pito, y cuyo pelo se está encaneciendo rápidamente debido a la lucha por mantener a raya la indiferencia poco elegante, el descuido estúpido, y la ingratitud inhumana que, si no fuese por la empresa, serían uno muertos de hambre y no tendrían un hogar.

¿He expuesto el tema demasiado crudamente? Posiblemente sí; pero cuando todo el mundo se haya ido provisionalmente, me gustaría decir unas palabras de solidaridad por el hombre que triunfa—el hombre que, contra viento y marea, ha dirigido el esfuerzo de otros, y habiendo tenido éxito, encuentra que no hay nada en ello: nada más que una simple pensión y unos trapos. Yo he llevado un cubo con el almuerzo y he trabajado días por un jornal, y he sido también un trabajador en una fabrica, y sé que hay algo que decir de ambos lados. No existe la excelencia, per se, en la pobreza: los harapos no son una recomendación; y no todos los empleados son codiciosos y despóticos, no más que, el decir que todos los hombres pobres son virtuosos. Mi corazón está con el hombre que hace su trabajo cuando el "jefe" no está, al igual que cuando está en casa. Y el hombre que, cuando se le da una carta para García, toma la misiva en silencio, sin hacer una pregunta estúpida, y sin ninguna intención oculta de arrojarla a la cloaca más cercana, o haciendo cualquier cosa antes que entregarla, es el hombre que nunca es "despedido", ni tiene que ir a la huelga por un salario más alto. La civilización es una larga y ansiosa búsqueda de tales individuos. Cualquier cosa que pida un hombre así, le será concedido. Se le quiere en cada ciudad, pueblo y pueblecito—en cualquier oficina, tienda, almacén y fabrica. El mundo pide a gritos uno así: se le necesita y necesita desesperadamente—al hombre que pueda "Llevarle un mensaje a García."

No. 28

En la medida en que necesitáis experimentar el tiempo calculadamente, éste deja de tener importancia, ya que el momento de vuestras experiencias del nuevo paradigma fluirán sin problemas y suavemente hacia la liberación del modo materialista que os mantiene fuertemente sujetos bajo el poder de los perpetradores pervertidos. Es la búsqueda de la creación de vuestros propios feudos personales y el competir para crear uno de mayor opulencia y conmayores placeres físicos, lo que os mantiene atrapados. Éstas son promesas vacías para llenar el vacío del desequilibrio que sentís interiormente. Se han introducido mensajes subliminales dentro de todos los anuncios para alimentar vuestras adicciones materialistas. La ciénaga de información, enrevesada y estratificada, y las mentiras, nos recuerda a la fábula del ratón y el león. El león de la humanidad se haya atado a la tierra, fuertemente asido por la red de distracción que distrae la mente consciente. En el cuento fue un solo ratoncito el que mordió las cuerdas para liberar al león. En nuestra versión de la historia, son los shows hablados de la radio, la información disponible en Internet y la publicación de libros y los CD´s lo que constituye el ratón. La información compartida está basada en la experiencia personal y las investigaciones de los archivos de información están disponibles para cualquiera que se moleste en aprovecharse de ello. La integridad de la red está amenazando con dar paso. Una vez liberado, el león es entonces consciente del poder del ratoncito, así que puede pasar cualquier cosa. Desafortunadamente, hay más redes colocadas, a menos que nos encarguemos del guión y cambiemos el escenario.

El punto de estos mensajes es el de animaros e informaros, no la de educar en la forma, sino en la práctica. No hay intenciones subliminales subversivas escondidas en ellos. Cada uno de vosotros lleváis el programa dentro de los niveles más profundos de vuestra conciencia, la memoria del propósito del porqué vinisteis a esta vida, lo que vinisteis a cumplir y a realizar. Nosotros simplemente estamos manteniendo nuestro acuerdo, el de recordároslo y el de guiaros y orientar vuestras acciones. Cuándo se está enfocado en reaccionar ante lo que se percibe como un peligro inminente, el momento y el impulso se pierden. Es nuestra función de mutuo acuerdo el de compartir nuestra visión, desde una dimensión privilegiada, ya que desde ella podemos abarcar una visión mayor de la situación. Vemos patrones de energía en movimiento expuestos holográficamente, y que pueden modelar las distintas posibilidades disponibles. Esto es una ventaja. Es el propósito de esta información, el de compartir con la máxima claridad posible, lo que está permitido dentro de las leyes universales que gobiernan el libre albedrío. Encontramos historias alegóricas que son recordadas y que son aplicadas para que la comprensión general sea más efectiva. Estamos limitados a aquellas historias que están disponibles, según sus experiencias, al traductor de esta información. Es el proceso de dictado/traducción/ transcripción y con la parte correspondiente a la traducción, el componente más critico. Es importante que esta persona continúe adquiriendo información para aumentar la "base de datos" disponible. Se proporciona orientación para los materiales apropiados.

Es dentro de las directrices permitidas que se os llama la atención sobre las desviaciones en esos patrones, que pueden ser corregidos, ya que podéis decidir libremente si el hacerlo o no. El haceros llegar la información es realmente un problema enorme. Las discusiones cara a cara no son posibles por muchas razones, pero mayormente debido a que el patrón de la victima/mártir no forma parte de nuestra experiencia y ese sería el resultado final. Por lo tanto disponemos de este proceso que resulta ser una manera más efectiva. Y en consecuencia no es posible por el momento un intercambio en 2 sentidos y tampoco es necesario.

También nos es posible el insuflar mucha información en la conciencia de aquellos que están entregados al proyecto. A través de la aceptación de esta comisión y del compromiso de participar y ver a través de él, la matriz energética de cada uno cambia y esto se puede observar. Esto abre una línea de comunicación y también resulta en un cambio de actividad dentro de los estados dimensiónales internos (sueño). Estos cambios se reflejan en las actividades dimensiónales externas durante el día. Se notaran muchos cambios en estas vidas, desde lo mundano a cambios mayores en actitudes y en las actividades elegidas. A medida que cambian las actividades mentales y físicas, la intención y el compromiso se enfocan cada vez más y empieza un efecto en espiral dentro de los niveles de conciencia. ¡Estáis siendo respaldados en este proceso!

Es con ansiedad, que os queremos llamar la atención sobre el hecho de que las líneas de comunicación abiertas están ahora bajo un mayor control y que es su intención el identificar a aquellos individuos aún desconocidos que están diseminando información, y que contrarrestan sus planes. Aunque de momento solo están en el proceso de identificación y no han ido más allá, al castigo. Y esto es porque hay propósitos detrás, que os otorgan el privilegio de hacer lo que estáis haciendo, y que son desconocidos para algunos niveles de la opresión. El proceso de identificación de las palabras se está expandiendo cada vez más. Os sugerimos fuertemente que reviséis y seleccionéis vuestras conversaciones verbales y escritas. Los términos de los libros pueden ser leídos electrónicamente, pero son los títulos los que están siendo especialmente procesados. Si es sospechoso, entonces los trozos que continúan del epilogo serán revisados. Esperaros que se contacte con cadenas de librerías, y que se les diga que eliminen ciertos títulos de las estanterías y que tengan lugar redadas a nivel de distribuidores al por mayor como paso siguiente. Con suerte discriminaran y solo se llevaran ciertos artículos individuales, aunque, sin embargo este no ha sido el patrón. Esto limitará vuestra libertad a la hora de imprimir y distribuir libremente, así que se tendrá que emplear la creatividad a la hora de poner títulos, enviar y promocionar la información. Se sugiere la posibilidad de establecerse en varios lugares alternativos y poner nombres diferentes a los libros, etc., ya que probablemente puedan pasar las dos primeras pruebas. Esto puede ser considerado como un posible esfuerzo conjunto si el obstáculo para poder compartir los beneficios se puede resolver. Si se considera el reimprimir, ya bien sean libros o CD's, entonces estas consideraciones pueden ser importantes. Será muy estimulante la creatividad en las copias promociónales. La inspiración intuitiva estará disponible si es solicitada. ¡Sonríe! ¡Estás en el lado ganador!

No. 29

Debéis enfocar la energía de la intención con resolución para crear esta fase del proyecto. Y ciertamente hay un ligero matiz diferente en ello. Uno puede intentar hacer algo, pero realmente no llegar a hacerlo nunca. La resolución es la chispa que sostiene la intención en la vanguardia del campo de actividad dentro de vuestra conciencia. "Esta fase" se refiere a lo que podría ser llamada la segunda capa de actividad, encaminada hacia la iniciación del proyecto. La fase de "diseminar la palabra al mundo" no se termina porque haya comenzado otra nueva fase. Uno simplemente añade a la anterior, el comienzo de la siguiente fase, como si fuesen capas. La fase uno era algo así como la base de la pirámide. Ahora estamos comenzando la segunda capa de la construcción antes de que la primera capa haya sido completada. Visualiza como los gráficos completan un dibujo en el ordenador. Al principio comienza y no siempre completa la imagen en su totalidad con movimientos horizontales, traza una línea tras otra, hasta que llega un punto en que la imagen se ha completado. A continuación, considera esto con un enfoque holográfico para el planeta. Con los ojos de tu mente, puedes ver donde ha ido la información y "pintar" por áreas, a donde ha sido mandada tu información. Si tu ves el planeta como oscuro y ves la información pintada dentro como zonas iluminadas, entonces puedes comenzar a "vislumbrar el cuadro". Podrías ver las salpicaduras de luz extendiéndose hacia fuera.

Incluso la gente que ha oído hablar de ello y que conscientemente han rechazado la información reflejan un cierto grado de luz, que aguarda y está a la espera de poderse reflejar completamente. Y es porque no puedes saber cuantos de estos hay, y te cuesta comprender la magnitud del logro que ha alcanzado esta fase y que continua expandiéndose. El punto de los 100 monos (masa crítica) ciertamente está muy cerca. Ya están en marcha porciones de la fase dos, y el impulso del momento lo expandirán mucho más rápidamente que la fase uno. Gracias a la conciencia producida por la fase uno, hay muchos que ya están esperando y preguntándose qué es lo que pueden hacer, ahora de que son conscientes. Les proporcionaremos esa respuesta y les parecerá una cosa fácil de hacer, ya que se les ha pedido hacer algo que se puede hacer privadamente y pasando desapercibido. Y es la cosa más poderosa que debe hacerse. Es un cambio crucial en el enfoque de la actitud , de la victima a la recuperación del poder interno.

La gran resistencia a la información de la fase uno fue debido a que cada uno pensó que implicaría una revolución armada para conseguir el cambio. Nosotros sabemos que nuestra meta no es un cambio. Un nuevo paradigma de experiencia comienza con técnicas y métodos totalmente diferentes y no existe ninguna contramedida disponible una vez haya comenzado. Sólo se puede contrarrestar con medidas reactivas que serian desviaciones dentro del plan negativo. Y esto crearía el caos dentro de ese enfoque. El plan negativo es contrario al flujo de energía creativa dentro del cual existe. Requiere de continuidad y de un foco estrechamente definido que los una. Esto es absolutamente esencial.

Es con gran regocijo y alegría que compartimos con vosotros estos segmentos de información, de manera que podáis empezar a entender más, no solo la naturaleza de los planes negativos, sino que podáis comprender que los eslabones débiles disponibles en su plan también son oportunidades. Podemos continuar guiándoos hacia el cómo "corroer" esos eslabones siempre y cuando ¡nos lo pidáis! Por favor no os olvidéis de hacerlo. El recibirlo y el llevarlo a cabo es de suma importancia, pero sobre todo acordaros de pedir. Vuestra apreciación es recibida calurosamente y vuestro seguimiento es aplaudido con celo a muchos niveles. Sin embargo, la clave es el usar siempre vuestro libre albedrío para elegir.

Hay una canción infantil que se usa para enseñar las letras de vuestro alfabeto. El alfabeto es la base de las palabras escritas en vuestros lenguajes. Lo que deseamos es que aprendáis a usar lo que está en la base de la auto¬conciencia manifiesta. Al igual que tenéis que aprender a aplicar el alfabeto en el lenguaje escrito y aprender combinaciones de sonidos para hablar el lenguaje, debéis usar los principios que forman la base para dirigir el flujo de pensamiento dentro de la energía coagulada que crea lo que se experimenta como vida. Es el uso de la potencialidad que subyace a todo lo conocido en todos los niveles. Esto se logra gracias a un proceso mencionado antes y se refleja en la mismísima base de vuestra habilidad para manteneros en vuestra forma terrestre, respirando. Es atraído de forma simple gracias a la expansión de los pulmones, descanso, contracción de los pulmones, descanso y repetición. Los pulmones son el vehículo de la contención y del movimiento. Y estos a su vez están contenidos dentro de la totalidad de un vehículo de conciencia consciente mayor, que es el cuerpo.

Y esto es un patrón matriz que se repite con una variedad interminable. El obstáculo consiste en aprender a apreciar esta variedad cada vez que uno se lo encuentra y recordar que no es más que una manifestación única del patrón básico de la matriz. Esta dificultad es especialmente verdad si hay una distorsión en las expresiones particulares que cada uno se encuentra a través de la experiencia. Cuanto más problemática sea la experiencia, más distorsión hay, no solo para uno, sino para ambos individuos. La distorsión desafortunadamente se expande hacia fuera y abarca grupos de individuos que interactúan entre ellos. Cuando la distorsión interactiva se vuelve lo suficientemente grande, entonces para poder corregir la distorsión, un gran número de aquellos que están involucrados, deberán volver a aprender y a aplicar los fundamentos básicos de la experiencia manifiesta. Simplemente decir que deberán reaprender y aplicar las leyes universales. ¿Adivina dónde están vuestros habitantes planetarios?

Afortunadamente tenéis a vuestra disposición comunicaciones con un alto potencial, que pueden alcanzar a gran número de personas, por lo menos de momento. Las presiones van en aumento, y las múltiples capas de opresión están creando tensión entre aquellos que pueden ser contactados, pero por fortuna existen todavía muchas otras maneras de llegar a ellos. Hace 100 años esto no hubiera sido posible, aunque entonces había menos a los que alcanzar. A estas posibilidades de comunicación se les ha llamado "mas media" por una buena razón. No existe ninguna razón por la cual éstas no puedan ser empleadas con un motivo contrario de lo que se pretendió originalmente. Quizá incluso hubo ayuda al implantarlos para un uso tan extendido. ¡Podría ser! La orientación está disponible en muchas áreas si se solicita. ¿Dónde están vuestras requisiciones?

La extensión de estos mensajes diarios depende de cuanta información pueda ser recibida y asimilada y en lo conciso que sea la forma del mensaje. Las metas son la claridad y la concisión, con la suficiente repetición para asegurar que la información se haya plantado en tierra fértil. De lo contrario, se usa entonces otro método. Ya que para la mayor parte de la conciencia humana, la sustitución de un nuevo enfoque dentro de su conciencia es todo lo que se necesita. Para otros de vosotros, hay mucho más implicado. Os habéis entregado y comprometido en la acción física, y a la concepción y diseminación de este nuevo foco. Después de todo, alguien tiene que plantar las semillas del pensamiento que constituyen la base de este nuevo paradigma antes de que puedan empezar a crecer, madurar y replantarse a si mismas. Si tu estás leyendo esta información, entonces es que has sido escogido/da. Ahora la pelota está en tu campo y tu elegirás ser elegido/da o no. Es tu libre decisión.

Os damos nuestras bendiciones a medida que procesáis la información y se la proporcionáis a otros para su consideración. En vuestra lengua vernácula decís, agarraos que vienen curvas, la vuelta en la montaña rusa no ha hecho más que empezar. Todavía no habéis llegado a las partes mas excitantes. Ahora que ya os habéis atado el cinturón, el viaje llegará a su fin. No obstante, dudo que hubieseis deseado que durase más. No esta vez.

No. 30

Se ha dirigido el foco de estos mensajes hacia la diseminación de información que concierne a la expansión de vuestro entendimiento con respecto a planes, actitudes y acciones apropiadas dentro áreas grupales. Ha habido poca información con respecto a vuestras experiencias personales y aplicaciones en esa área. Esto no ha sido para indicar que esta área carezca de importancia. La información "new age", mejor llamado "new" (nuevo) pensamiento, y que aún se podría categorizar con más precisión como un "pensamiento recordado", enfatiza en la necesidad de estar equilibrado y salmodia "estar en el ahora". En realidad, ¡es correcto! Como hemos señalado anteriormente, todos los ciclos dentro del cosmos/galaxia se mueven hacia y se alejan del punto central de quietud o de perfecto equilibrio. Para que la galaxia permanezca en equilibrio, los ciclos deben moverse dentro del equilibrio de aquellos que se alejan y de aquellos ciclos que vuelven de nuevo a cada punto de equilibrio. Lo podrías imaginar como un giroscopio que gira y que se mueve alrededor de un giroscopio central que permanece en perfecto equilibrio y que expande un patrón energético que sostiene a todos los pequeños giroscopios dentro de su esfera de influencia. Cada giroscopio fuera del foco central contiene en si mismo una miríada de giroscopios pequeños. Y para que todo este sistema pueda seguir y continuar en la existencia, debe haber una igualdad de movimiento energético. Si un giroscopio llega a estar lo suficientemente fuera de equilibrio como para acercarse a un punto en que esté mas allá de su habilidad para retornar, entonces sucede que todo el sistema debe ser compensado con el enfoque para mantenerlo dentro del ámbito de seguridad. Esto es, por su puesto, una imagen muy simplificada, pero te da cierto entendimiento. Te permite imaginar la Tierra con su inclinación de 23 grados y acercándose a un punto en el que puede perder su habilidad para volver al equilibrio.

Considera esto dentro de la imagen giroscópica de la Tierra, hay 6 billones de diminutos giroscopios, y cada uno de ellos girando sobre su propio eje: el equilibrio de estos influye en el equilibrio del más grande. Si la mayoría de estos están en desequilibrio, entonces por supuesto, el más grande no puede permanecer en equilibrio. Y comprendiendo este panorama llegas a entender que la 4ª ley universal es la del equilibrio. Uno de los patrones de pensamiento que influye poderosamente en el equilibrio o el desequilibrio de la expresión personal, es la del pasado, presente y futuro. Ya que todos son necesarios por diversas razones de supervivencia y progreso, están embebidos dentro del modo observador de ego. Recuerdas la quemadura y por lo tanto no vuelves a tocar el fuego de la cocina. Deseas construir una casa más grande para tu familia, así que imaginas los pasos que debe contener tu futuro para atraer la experiencia hacia ti, y así emigras entre los dos. Sin embargo, existe el momento del ahora que experimentas, y que no es ni pasado ni futuro. Este es tu punto de equilibrio. Es tu lugar de descanso. Vuelves ahí durante cada ciclo del sueño. Hubo un tiempo cuando el planeta giraba dentro del ciclo de la luz y de la oscuridad, en que todos estaban activos o descansando al unísono, y que aportó un gran equilibrio a la totalidad. Con el advenimiento de la luz artificial, este patrón de equilibrio ya no está presente. La humanidad actualmente está en constante actividad, primero con la "edad industrial". Ahora en la "era tecnológica" incluso en los hogares, las horas de descanso dentro de una familia han variado. Hay una técnica de equilibrio que se práctica en lo que vosotros llamáis el lejano este y se llama meditación. El grupo "new age" (nueva era) lo adoptó rápidamente. Las técnicas se distorsionan muy a menudo y la conciencia consciente se abruma con el desorden que hay en los medios de comunicación y es incapaz de encontrar el punto de quietud que proporciona el equilibrio dentro de la combinación del conciente y del subconsciente. El entrar en ese punto de quietud permite la conexión con el Alma y el alcanzar el equilibrio durante al menos un corto periodo de tiempo.

El equilibrio se alcanza a través del entendimiento y de la práctica de las tres leyes básicas del universo: atracción, creación deliberada y permisividad. Si revisas los mensajes anteriores, encontrarás dentro de la información sugerencias para resolver esta situación problemática de la población de la tierra. Para poder vivir el nuevo paradigma de experiencia, se les requerirá a aquellos que participen el enfocar dentro del tiempo presente. Solo se conocerá el marco de trabajo y debe ser encarnado a través del "vivirlo dentro de la existencia" experiencia por experiencia. Esto requerirá el vivir dentro de la realidad del momento presente. El equilibrio se logrará dentro de la experiencia de este grupo enfocado. El pasado no se puede aplicar y el futuro será desconocido. Y esto solo nos deja con el presente. Dejadnos considerar la finalización de este ciclo galáctico. ¿Acaso solo se dispone momentáneamente de un instante para lograr una gran ascensión o un espantoso accidente dimensional? Eso depende. De nuevo volvemos a vuestra fijación por experimentar en bloques los eventos secuenciales. El experimentar dentro de lo que llamáis el momento presente es un termino equivocado, una denominación inaplicable. Cuando estás enfocado en lo que estás pensando o haciendo algo sin conciencia alguna de ninguna otra actividad, pierdes la "noción del tiempo". Cada uno de vosotros ha experimentado eso. Solo cuando miráis a vuestro artilugio para seguir el tiempo llamado reloj, tenéis una cierta idea de lo que puede ser el tiempo, excepto por la presencia o ausencia de la luz solar. Si cada uno de vosotros estuvieseis totalmente intrigados con lo que estuvieseis haciendo en ese momento, este sería el único enfoque requerido, y no hubiese estaciones que os preocupasen, ¿os importaría acaso el día que fuese? Si ese tema intrigante abriese la puerta de otra puerta y de otra, ¿te importaría el día o la hora qué fuesen? Lo dudo. Si estuvieseis en equilibrio, ¿sería necesario dormir? ¿Y qué de la comida? ¿Y qué de los pasatiempos de recreo? Acaso no son todas estas necesidades justamente una búsqueda del equilibrio?

Esto no está sugiriendo que viváis y os alimentéis del aire. Estas son simplemente unas ideas sencillas para intrigar la imaginación. Vuestras experiencias están tan lejos del pretendido equilibrio, que os es difícil imaginar lo que es el equilibrio durante el periodo de estado de vigilia en el formato de la 3ª dimensión. Es mucho más agradable que lo que conocéis. No es de extrañar que deseéis abandonar esta dimensión pensando que sólo podéis encontrar un respiro en cualquier otra parte. Sin un equilibrio de la experiencia de la 3ª dimensión no podríais existir en dimensiones más altas con vuestra forma corporal y auto-conciencia actual. Primero os tenéis que equilibrar. Debido a que estáis todos interconectados, los individuos tienen serios problemas para mantener el equilibrio, aun incluso si lo logran. Es necesario equilibrar a un gran numero de personas para poder conseguir lo que es necesario a gran escala.

La biblia os advierte de no colocar "perlas de sabiduría" ante aquellos que carecen de una conexión viable con su fuente de vida. Ya es hora de fusilar esa idea de los libros. Es hora de hacer otro giro de 180 grados y de hacerlo en términos prácticos y aplicables. El patrón ha sido siempre el de esconderlo dentro de la terminología religiosa y esotérica para que solo unos cuantos pudiesen acceder a la información, y para que no se perdiese a través de la interpretación individual y se pudiese destruir. Sin palabras escritas, ya que muy pocos eran literatos, las historias alegóricas eran el único método de diseminación, incluso los entendimientos básicos. Estos contenían referencias a actividades y otras referencias comúnmente conocidas y comprendidas que estaban dentro del entorno cultural local. Incluso estos entendimientos básicos se llegaron a distorsionar cuando las historias se volvían a contar, en situaciones culturales que carecían de puntos de referencia con respecto a aquellos entendimientos originales.

Nos encontramos con la necesidad de reintroducir los principios básicos. Un buen sitio para comenzar un nuevo comienzo, ¿no os parece? Atracción, intención y permisividad (dejar hacer) que conducen al equilibrio a través de la aplicación dentro de la experiencia. Conseguir un doctorado en ello, positivamente conduce a la ascensión hacia dimensiones más elevadas. ¡Bienvenido al equipo de la ascensión!

No. 31

Estamos entrando en el periodo de tiempo que conduce al comienzo del relevo de energías, las que iniciarán los días de tribulación. Desafortunadamente, algunas de las predicciones que se han hecho reflejando los planes del lado oscuro se manifestarán. Y aunque parecen indicar que la situación es irreversible, desde luego que no lo es. Este será un tiempo en el que será crítico que aquellos de vosotros que estéis enterados de las maniobras que se están tejiendo detrás del escenario del cual formáis parte, os agarréis fielmente a la comprensión y a la creencia de que éstas nuevas energías existen realmente, y de que éstas, están positivamente colocando los fundamentos del nuevo paradigma. Este nuevo patrón de experiencia se podría imaginar como un trémulo castillo que emerge de en medio de una escena llena de actividad confusa y frenética. Al principio se ve muy tenuemente. Y esto, aunque apenas será a lo que va a parecerse el patrón del nuevo paradigma, sin embargo recurre al mito de Camelot como una fantasía reconocible y que contiene en si, ideales deseables de ensueño. Es un proceso que emerge de entre las neblinas de la imaginación enfocada y en medio de lo que parece ser la realidad. Esta es la comprensión que deseamos provocar. Si no eres un aficionado al tema de Camelot y los caballeros de la tabla redonda, entonces elige cualquier otra imagen.

Quizá el ave Fénix, pero entonces elige que éste se transforme y resurja antes del episodio de las cenizas. Nosotros enfatizaríamos en el reconocimiento de que lo deseable ya se está manifestado antes de que lo indeseable se haya desintegrado. El enfoque, aunque solo sea de unos cuantos, con fe y con el conocimiento de que realmente existe y de que se está manifestando es de suma importancia. Al elegir imágenes diferentes, pero con el mismo enfoque, entonces el proceso se mantiene hasta que el propósito se haya definido y se haya convertido en el ideal.

El definir el propósito no será un proceso fácil. Se propondrán muchas versiones antes de que la forma ideal lo pueda abarcar todo. Esto es para animar a algunos a empezar, ya que se debe tomar el primer paso de manera que se pueda progresar hacia la meta, la de realizarlo. La clave está en la brevedad y en la llamada universal dentro de la diversidad de los 6 mil millones de seres que hay en el planeta. Y aunque parezca imposible, os aseguramos que es posible. Os recordamos que pidáis orientación y ayuda en estas sesiones. Los egos deben estar en estado de observación, ya que el reconocimiento por escribir no será para ningún individuo. La motivación debe ser el deseo de que llegue a manifestarse en su perfección. Se sostendrá a si mismo, con el propósito de abarcar los focos presentes en la tierra dentro de un foco de expresión, y dentro de una experiencia mayor. De nuevo os recordamos el proceso respiratorio. Será asimilado por la conciencia consciente, contemplado y expresado hacia fuera gracias al deseo de que se manifieste dentro de cada realidad personal y mantenido amorosamente mientras sucede. Desearíamos que no fuese un salvavidas para salvar a seres que se están ahogando, pero esta es la experiencia que habéis creado.

La llamada global se deberá realizar a través de una aproximación que abarque posibilidades universales. El estar enfocado en ello hará que se comience a trazar el sentimiento de unidad hacia los seres del planeta. Comenzará a nacer una comprensión de que todos se están enfrentando a los mismos dilemas. A medida que continúe intensificándose el sentimiento incomodo de que hay algo ominoso presente, hará que éste sentimiento permita comprender que las causas de ello van más allá del alcance local, regional o nacional. La opresión se está empezando a sentir cada vez más, y con mayor intensidad.

¿Y qué de la gente indígena? Como hemos mencionado antes, ellos ya lo saben. Sus "chamanes" ya tienen el mensaje y son conscientes de que un nuevo paradigma está naciendo. Os llevan muchos pasos de ventaja y ya están trabajando en su expresión. Su gente es consciente y ya está en armonía con el proceso. No os preocupéis por ellos. La supervivencia es su modo de vida. Puede que, quizás en los días venideros desees el haberte encarnado en un estilo de vida más indígena. (¡He dicho quizás!) En la medida en que todos os habéis encarnado de la misma fuente, ciertamente estáis todos conectados y os comunicáis en niveles sutiles.

La conciencia de la masa (consciencia) es maleable a través de la coacción, pero siempre permanecen ciertos niveles de ella conectados a la fuente. Es a través de estas conexiones que podemos lograr los cambios sutiles que serán los que dispondrán el trabajo preliminar para futuros cambios a niveles conscientes. Los opresores deben trabajar con los niveles de la mente, mientras que, se puede decir que nosotros disponemos de los niveles del "corazón". El corazón siente. Un sentimiento puede transformar las creencias mantenidas en la mente. Cuando el sentimiento vibra dentro del ser a cierto nivel, éste predomina sobre la creencia, y el ser simplemente la deshecha fuera y sigue al sentimiento hacia una nueva conclusión. El sentimiento de opresión está a punto de sobrepasar la insistencia de la mente de que todo va bien y de que el gran hermano gobierno solucionará las cosas para el beneficio de todos. El mago está a punto de perder su velo de oscuridad y ser visto a plena luz de reconocimiento, y puede que no sea en el momento de su elección.

En la medida en que estéis viviendo dentro del tiempo de vuestro enfoque controlador, debemos lidiar con ello. La secuencia de acciones y eventos que se enlazan y se interconectan, entran ahora en una fase de importancia crítica. Es importante que cada uno de vosotros sintáis la inspiración, la divina urgencia, y el querer seguir adelante con este proyecto. Las piezas del dominó ya están colocadas y no les hará falta mas que un pequeño empujón para empezar su viaje secuencial. La ubicación de aquellos pocos finalmente debe ser reemplazada, de manera que el plan oscuro sea incapaz de llevarse a cabo hasta sus finales planeados. Si unos pocos de importancia critica pueden ser retirados, entonces la secuencia planeada saldrá mal y resultará en una gloriosa confusión, y en el tiempo perfecto para el resurgir del nuevo paradigma de en medio de esa confusión. Su concepción debe, no obstante, haber sido completada y el proceso del nacimiento ya debe estar en proceso en los niveles sutiles.

Es difícil para la información contenida en estos mensajes el remarcar la importancia de varias facetas sin llegar a ser repetitivo. También somos conscientes de que algunos están leyendo estos mensajes sin haber tenido acceso a la información anterior, así que intentamos al menos el incluirlos de alguna manera. La ventana de oportunidad disponible para completar la segunda fase que está enfocada en la finalización del propósito escrito, se está continuamente estrechando. Por lo tanto, sentimos la necesidad de continuar dándoos empujoncitos no sea que se cierre sin haberse terminado. El caos entonces ciertamente reinaría, y el nacimiento del nuevo paradigma se volvería inimaginablemente difícil. El periodo de caos podría continuar estrechándose durante un largo y doloroso periodo de tiempo según vuestros cálculos. No es esta información lo realmente importante, ¡sino la concepción y la finalización del propósito de lo que se ha escrito! No queremos que esta información esté archivada en vuestra Biblioteca del Congreso. Preferimos que se intercambie a un nivel personal y a un nivel de necesidad-de-saber. Está escrito intencionadamente para excluir palabras que puedan ser detectadas por los escáneres de comunicación de manera que esta información todavía pueda ser fácilmente difundida a los elegidos. Deseamos ser muy claros con respecto a esto. Nuestro traductor se pasa mucho tiempo en el modo "Thesaurus" (diccionario) buscando sinónimos para que los patrones de las palabras puedan ser variados dentro de cada documento. Lo que aparentan ser simplemente unos párrafos, implican mucha dedicación a esta faceta de cautela. El propósito de esta información pesa enormemente sobre esta conciencia consciente, sin embargo el compromiso hace que el proceso avance día a día. Nos estamos encontrando que el compromiso por parte de los lectores se corresponde de igual manera y nos sentimos ciertamente agradecidos.

Es vuestra determinación por hacer que se manifieste este nuevo arquetipo de experiencia, lo que hace que el progreso logrado se sostenga, de manera que la construcción del patrón pueda continuar. Visualiza ahora el patrón de un copo de nieve que empieza en este momento a cristalizarse a partir de una gota de agua. Es simplemente el inicio de una punta de lo que llegará a ser una imagen única, lo que está sucediendo. No estás simplemente contemplando la creación de algo único y bello, estás proporcionando el enfoque que hará que suceda. ¿Cómo podrías evitar el continuar siendo una parte importante de esta hermosa demostración?

No. 32

Cuando llegue el momento de lo que vosotros podríais llamar el crack (quiebra) de todos vuestros sistemas de comunicación, servicios públicos y suministros, habrá un alboroto y una confusión de proporciones masivas. Os corresponde a vosotros, los que estáis bien enterados de esta posibilidad, el considerar vuestras situaciones personales y el hacer planes de emergencia. A nosotros nos resulta asombroso el que esta información sea conocida, pero que, sin embargo, cada uno asuma que sucederá a su alrededor, pero no a ellos mismos. Conocéis la existencia de varios mecanismos que os pueden proporcionar al menos unas provisiones mínimas para vuestras necesidades, incluso hay sistemas coordinados disponibles. El proyecto no hará que se realice el cambio en las conciencias antes del colapso del actual estilo de vida. Habrá un periodo de caos. El cuanto pueda durar, dependerá de que se hayan completado las fases dos y tres, de la concepción del nuevo paradigma y, entonces de la propagación y diseminación de ello a través de la conciencia consciente de vuestros hermanos. Como podéis deducir por vosotros mismos, las comunicaciones son relativamente fáciles antes del colapso, y difíciles en el mejor de los casos después de ello. Es critico que verdaderamente os deis cuenta de ello y de que empecéis a prepararos para esta amenaza de antemano con el mayor enfoque y diligencia posible. Hace tiempo que ya hemos sobrepasado el síndrome de "apenas si puedo esperarlo, pero ahora todavía no tengo tiempo para prepararme". Es necesario que tengáis en cuenta y con cuidado vuestras prioridades y que recordéis que tenéis compromisos que implican la supervivencia y la trascendencia de aquellos hermanos vuestros que están dispuestos y que cuantos más sean mejor. Esto significa que tienen que estar ocupando sus cuerpos para que esto tenga éxito. Ciertamente es una gran responsabilidad, sin embargo, os recordamos de nuevo que toda la ayuda posible está disponible, sólo si lo pedís y "movéis las piernas".

Parece ser que también es necesario recordaros que las discusiones sobre la fase 2 se deben llevar a cabo en lugares en donde sea menos probable que haya cables escucha. Se sugiere que veáis la película titulada "Enemigo publico" (1998, con Will Smith como protagonista) y que escuchéis con cuidado cuando el personaje Brill describe las capacidades de la electrónica. Enumera una lista a toda velocidad, así que tenéis que escuchar atentamente. También la emitieron en la TV cuando se repuso la película. Brill en la película, le recuerda al héroe que las capacidades que le está nombrando ya estaban disponibles muchos años antes, no obstante la capacidad para aplicarlos de manera masiva no fue posible hasta recientemente, pero las sofisticaciones que se han añadido desde entonces bien exceden lo que se muestra en la película. Todos vosotros estáis siendo observados y cuando os reunís, podéis estar bien seguros de que vuestras discusiones son de interés. Nosotros preferiríamos que este proyecto continuase pasando desapercibido, y durante el mayor tiempo posible. Y si esto suena muy melodramático, pues que así sea. Pedir discernimiento y después ver la película y entonces entenderéis.

A medida que nuestros arrogantes planeadores hacen gala de su metodología ante vuestros ojos, asumiendo que las mentes dormidas tienen poco discernimiento para distinguir entre programación y entretenimiento, no existe razón alguna por la cual nosotros no podamos usar esta información en nuestro beneficio. Cuando pedís discernimiento dentro de nuestros propósitos, la habilidad para interpretar e imaginar maneras de aplicar las Leyes que se os han dado, proporcionarán avenidas que evitarán sus técnicas de instigación. Por muy abrumadores que parezcan, son inventos del enfoque opuesto y por lo tanto contienen en sí los elementos de la auto-destrucción.

Cuando la polaridad negativa se expande, entonces sus tendencias innatas se magnifican, al igual que lo opuesto es verdad dentro de la polaridad positiva. Es en el camino que hay entre las dos que existe la espiral de evolución.

Es importante el destacar aquí que el significado de la palabra "evolución" ha sido intencionadamente distorsionada, al implantar la idea de que la evolución y la adaptación son sinónimos. La vida animal e incluso la vida humana a un nivel se adapta. La evolución se refiere a la espiral de la experiencia espiritual a través (piensa holográficamente) de su viaje de retorno hacia la fuente. Aquí podéis ver una correlación entre espiral y espíritu y holográfico con sagrado.

Cuando llegue el momento apropiado, tendrás el discernimiento para traer a tu conciencia consciente ese sentimiento espinoso que hará que te muevas a un lugar más adecuado y entonces estará disponible. El planear con antelación no funciona; es necesario ser flexible y moverse en el momento. Es la espontaneidad lo que proporciona la atmósfera en la cual la creación se mueve sin restricciones. Y ya que la creación es en lo que estáis, es importante, por lo tanto, el moverse dentro del marco de trabajo del propósito lo más espontáneamente posible. Y aunque parecería que los opuestos son contrapuntos, realmente son la combinación de las polaridades de una manera complementaria, permitiendo que el efecto en espiral deseado, se mueva de una manera equilibrada. Las polaridades no están solamente limitadas a los extremos opuestos como el negro y el blanco, encendido y apagado, bueno y malo, etc. El rosa y el gris son opuestos, pero de una intensidad diferente. Estas intensidades están disponibles en abundancia para ser aplicadas, y es gracias a este principio, que se puede conseguir la diversidad dentro del enfoque.

¿Y cómo se aplica todo esto al asunto que nos traemos entre manos? Es a través de las diversas contribuciones dirigidas hacia la meta, la de completar la fase dos, que la composición saldrá adelante. Cada sesión será un deposito de ideas en espiral dirigidas hacia la meta e impulsadas por la combinación de las mentes individuales hasta transformarse en un enfoque de grupo con su propio poder. Es la suma del enfoque del grupo lo que otorga el aumento de poder de la presencia creativa. Debido a que el creador no es una presencia particular al nivel de la 3ª dimensión, no puede estar presente literalmente, pero la combinación del enfoque proporcionado por la meta común compartida trae consigo un poder mayor, y más aun cuando se observan ciertas combinaciones numéricas. El lenguaje común de la creación es la formulación matemática. La práctica de la numerología toca el tema de cómo se aplican estas formulaciones en las vidas particulares. La espontaneidad permite a la conciencia consciente relajarse de manera que la armonía con estos fundamentos de la existencia puedan proporcionar los resultados deseados dentro del marco de trabajo del propósito definido. El propósito de estas sesiones de "grupos pensantes" es la de proveer el marco de trabajo para crear un propósito mayor, y que luego a su vez, será el marco de trabajo para el nuevo paradigma. Será el marco de trabajo que proporcionará a los individuos el poder continuar con el proceso en su propia experiencia. Puede que esto parezca lo suficientemente simple, sin embargo, la estrategia está en la comprensión y el seguimiento de los pasos dentro de las leyes universales. La Permisividad es la más difícil de incorporar. El elevarse por encima de la necesidad de controlar es la levadura del pan, por así decir. Se podrían escribir volúmenes y volúmenes con respecto a esto, pero no cambiaria nada. Es en el hacer, en donde se consigue. Es en la realización de esta única faceta, que se abre la puerta a la trascendencia de esta dimensión. La habilidad para aplicar este principio está construido sobre el uso de las dos anteriores y a través de la aplicación de todas las tres se alcanza la cuarta y bingo, ahí estás en el punto de elección. ¡El ir o no ir! El graduarse requiere el soltar los apegos, solo entonces y no antes. Al igual que habéis sido engañados con respecto a vuestro ego, ¿habéis sido así engañados con respecto a vuestros apegos? Hay una diferencia entre apegos y adicciones. Esto es para que lo disciernas tu mismo y ahora es tiempo de soltar las adicciones. Te tienes que preguntar a ti mismo/ma qué es lo que piensas que debe permanecer en tu experiencia y qué sería agradable tener, pero no absolutamente necesario. Te sorprenderías si te tomaras unos cuantos momentos para hacer aunque solo sea una breve lista de vuestras maravillas tecnológicas y contemplar como sería la vida sin ellos. Entonces estaréis preparados para vuestro futuro no tan distante. Esto no quiere decir que el planear para proveeros de las necesidades básicas sea adicción, sino más bien sabiduría. Aquí de nuevo, pedir discernimiento.

Os recordamos que es nuestra preocupación por todos vosotros
lo que nos motiva a compartir los máximos consejos posibles, ya que
este proyecto es de suma importancia. El creador no tiene preferencias
en su deseo de retener a cada fragmento; nosotros, sin embargo, a
nuestro equipo de tierra lo valoramos mucho. La amistad es una
parte maravillosa de la experiencia compartida entre los fragmentos
manifestados auto-conscientes. ¡Vosotros no os acordáis de nosotros,
pero nosotros si que os recordamos!

No. 33

Los días ahora se ciernen sobre nosotros con el fin de reunir el
enfoque que llevará a cabo la transformación de la conciencia de
la masa. Será un proceso interesante de inter-conexión entre varios
proyectos iniciados conscientemente en lugares diferentes alrededor
del planeta. Hay más de un equipo de tierra con misiones específicas.
Mientras que es natural el sentir que lo que una persona o grupo
está intentando es demasiado poco y demasiado tarde, este no es el
caso. Todos están ahora en sus puestos, o lo suficiente como para
que el comienzo coordinado pueda ser iniciado. Es necesario que
la resolución, la intención y el propósito se mantengan firmemente
dentro del ámbito de cada uno de vosotros, ya que los días venideros
pueden parecer desalentadores. Os debéis asir a vuestro compromiso
con calma y confianza, y sin duda alguna. Esta experiencia es una
realidad manifiesta que debe ser tratada dentro de esa realidad.
El juego debe continuar hasta su finalización. Ya no puede ser
cambiado o pospuesto. La humanidad se está hundiendo en el miedo
y en la confusión cada vez mas, haciendo que los planes de los
manipuladores avancen a un ritmo rápido. Los niveles espirituales
de cada uno se están volviendo cada vez más y más inaccesibles, y la
reacción del espíritu a este proceso expresándose a través del cuerpo
continuará reflejándose también a través de la reacción del planeta.
No es una imagen agradable de ver desde nuestra perspectiva. No
es nuestra intención el que vuestra atención esté enfocada en este
cuadro, pero también es necesario que seáis conscientes y sepáis
en lo que estáis trabajando. Es una lastima que haya procedido de
esta manera, y que se haya tenido que llegar tan lejos dentro de los
niveles de sufrimiento, antes de que la conciencia llegue a estar lo

suficientemente desesperada y vulnerable como para detenerse y
reflejar que ya basta. Quizá ahora se pueda alcanzar a los suficientes
con el deseo de llevar esta situación hacia su final y que estén
dispuestos a conseguirlo gracias a un cambio total en sus reacciones
habituales enraizadas.

El mecanismo de bloqueo ha sido lo que se ha llamado el "opio
de la religión". La doctrina religiosa de "nuestro camino es el único
y todos los demás están equivocados" ha creado literalmente células
dentro de una mazmorra de ignorancia con cada secta religiosa
moderna presente, habida y por haber. Esto no quiere decir que no
haya alguna verdad presente en todas ellas, pero no hay la suficiente
en ninguna, o ni si quiera una composición de la verdad conocida
dentro de todas ellas, en la actualidad para guiar a la humanidad en
algo que no sean círculos interminables de frustración. El deseo innato
está siempre dentro de cada uno, el de progresar hacia la meta para
trascender este engaño dentro de la 3ª dimensión y ahora la religión
no ofrece ningún camino para continuar el viaje. La aspiración de
cada extensión del alma cuando se encarna en la Tierra es la de
asistir en traer esta situación de nuevo al equilibrio. Cada uno desea
llegar a ser parte de esta pequeña piedra crucial en el estanque, sin
embargo, está atrapada en el engaño del patrón de energías densas y
opresivas y se convierte en parte del coro que pide asistencia fuera.
La ayuda no puede venir de fuera "sin algo", debe venir de dentro
gracias al propio poder interno, no con el propósito de situarse uno
mismo sobre y por encima de los otros, sino con el deseo genuino
de inspirar a los otros para que sigan el ejemplo. De esta manera,
estos individuos se armonizan con el flujo creativo y con el deseo
consciente enfocado de aquellos que están dedicados a este propósito
y que han alcanzado esta trascendencia antes. Desafortunadamente la
situación ha alcanzado un estado tan lamentable que los dedicados a
ello pertenecientes a dimensiones más elevadas se han ofrecido ahora
como voluntarios para encarnarse y actuar en representación de los
habitantes y poner en movimiento una ola de auto-poder interno en
el planeta. Estos voluntarios son numerosos y aguardan la activación
de los detonantes implantados dentro de su conciencia para recordar
sus papeles. ¡El tiempo ha llegado para que esto comience!

Ahora es el momento para que estos auto-designados conduzcan
a la humanidad, del estado de simplemente estar al estado de

convertirse en lo que verdaderamente son, que era lo pretendido. El ser humano es un termino equivocado; ¡cada uno está llegando a ser un humano! Sabiendo esto y refiriéndose a ellos mismos de este modo, cada uno estará constantemente enfocado en el verdadero propósito de la encarnación. Entonces la llamada interna de aquellos en el planeta y el planeta mismo en este tiempo sería "¡Estoy llegando a ser un humano (dios-hombre)!¡ Ayúdame a conseguirlo! Entonces la respuesta es posible. Cambia el enfoque de "¡Soy una víctima, ayúdame!" que implica el ayúdame a seguir siendo una víctima, por el del enfoque del deseo por el auto-poder interno. Después de siglos de llamar a alguien o pedir por algún ritual o milagro que consiguiese lo imposible, el hombre ha sido incapaz de dilucidar por si mismo que la ayuda debe venir de dentro, de su propia conciencia y de la recuperación de su propio poder interno para que se pueda lograr. Y en vez, la urgencia del auto-poder interno, se distorsionó en auto-engrandecimiento y el resultado se puede ver por doquier. El cambio en tu propia conciencia y tu deseo por este final ha activado tu habilidad para atraer hacia ti estos mensajes. A medida que los detonadores del despertar son activados, las ondas producidas por la pequeña piedra se convertirán en olas. Y entonces comenzará la acción y se formarán conexiones a muchos niveles y las ruedas comenzarán a girar. La conciencia de la masa que ha estado asediada experimentará un cambio al igual que el planeta. Esto no será el cambio, pero será el comienzo de la inspiración necesaria que debe preceder a ese proceso.

Recuerda el nivel vibratorio de la conciencia de la masa. Ningún habitante del planeta Tierra podría sobrevivir a un salto hacia la 4ª dimensión en este momento. Ninguna cantidad ingente de meditaciones ni el escuchar a entidades canalizadas a logrado jamás tamaña proeza. Debe ser un cambio en la propia percepción personal y el enfoque del propósito de esta encarnación de un gran número de personas para poder realizar esto, ya que actualmente está descendiendo el flujo de la tasa vibratoria hacia la enfermedad y la muerte. Para interrumpir este movimiento y cambiar su dirección, se requerirá de un cambio de proporciones mayores. Se ha decidido que la tasa vibratoria normal de un cuerpo humano está entre 62 y 68 MHz. Las funciones cerebrales óptimamente están entre 72 y 90 MHz. Cuando la vibración del cuerpo desciende a 58 MHz se puede "enganchar un resfriado"; a 57 MHz la gripe; a 55 Mhz cándidas, a 52 MHz la enfermedad de Epstein Barr (mononuclosis); a 42 MHz cáncer y a 25 MHz se comienza a morir. Considerando los problemas de salud de vuestros amigos y familiares, podéis empezar a vislumbrar cual es la verdadera película. Nuestros interesantes planeadores negativos, cuando quieren eliminar a alguien, simplemente disminuyen la frecuencia en MHz de ese alguien, gracias al empleo de sus métodos recientemente diseñados. En un corto periodo de tiempo el cuerpo o bien desarrolla una enfermedad fatal o si se disminuye lo suficientemente, sobreviene la muerte y cualquier enfermedad que ya estuviese presente seria la excusa. La medicina alopática (un término equivocado), y las prescripciones químicas disminuyen los MHz del cuerpo. Las radiaciones de la TV y de las pantallas de ordenadores disminuyen los MHz, y el consumir alimentos procesados y enlatados, los cuales tienen 0 MHz para sostener al cuerpo, continúan el proceso. La inanición es la última manera sutil para hacer disminuir los MHz y continuar con la disminución de la conciencia de la masa antes de que cada uno muera, y de este modo éstos hacen su contribución a este ciclo descendente. El cuerpo humano tiene habilidades para adaptarse increíbles, pero las múltiples embestidas que se ejerce sobre ella para hacer que su nivel vibratorio descienda y para ataros a este planeta, ha alcanzado un punto crítico. La buena noticia es que el cambio en el enfoque del propósito por parte de la masa critica dentro de la conciencia planetaria que lo abarca, puede ir más allá, si se quitan algunas piezas criticas de domino colocadas por los interesantes planeadores negativos. Se podría invertir la manera en que caen y por lo tanto aflojar el proceso de descenso y permitir que los MHz del cuerpo aumentasen. ¡Pues bien esta es una suposición muy interesante a tener en cuenta!

El cuadro tal y como pinta en este momento es mucho más que descorazonador; es horroroso. Sin embargo, al interpretar varios escenarios con posibilidades holográficas, no resulta del todo imposible. Las claves residen en las cartas que guarda el "equipo de tierra". Como se jueguen éstas, será lo que determinará cual de estos escenarios estará disponible para asegurar el éxito. ¡Sigue jugando! El último juego acaba de empezar y el Creador nunca apuesta. Él solo juega a las apuestas seguras. Después de todo, él creo el juego, y nunca se olvida de las reglas. ¡Puedes confiar en eso! Su turno para barajar y repartir está al llegar. No esperes que suceda en otra parte. ¡Estate aquí ahora!

No. 34

En el punto de vuestro tiempo cuando se inició este proyecto, había una ventana muy pequeña con la cual comenzar el proceso. Una vez que la idea fue vislumbrada y se actuó de acuerdo con ella, la siguiente ventana abarcó el movimiento dentro de un proceso mucho más grande. Este paso permitió el contacto con varios individuos nuevos para que éstos tuviesen conocimiento de ello y así continuar con el engrandecimiento de la ventana. La suma de otras mentes habiendo entendido la idea básica y enfocando su atención en participar ha hecho que la ventana continuase abriéndose y permitiese la inclusión a su vez de participantes adicionales continuamente. La expansibilidad de este movimiento permite al proceso armonizarse con la expresión del orden divino, el cual es en verdad expansivo por naturaleza. El impulso del movimiento expansivo hacia el exterior de esta información forma la base para continuar con este fluir armonioso y asegura la participación divina que es esencial para tener éxito. Es importante que os deis cuenta de que la clave del éxito está en un movimiento expansivo hacia fuera. Es la combinación entre el entender los varios aspectos de este pretendido cambio de actitud y el enfocarlo a través del número necesario de puntos de conciencia individuales. La importancia de estos aspectos es la de establecer un flujo expansivo hacia fuera y que este flujo se mantenga. Se deben hacer, cuantos más posibles, nuevos contactos gracias a los individuos contactados recientemente, para mantener este fluido expansivo en movimiento. Ya que los recuerdos están almacenados, se puede pensar en otra gente que sea apropiada y que aún no ha sido contactada, y al hacerlo, esos pueden continuar a su vez haciendo más contactos. Esto asegura que aquellos sin un compromiso para llevarle la "carta a García" no impidan esta expansión esencial hacia fuera.

Si se tuviesen que enviar estos mensajes a nuevos contactos, a aquellos que se consideran que seguro lo llevarían a cabo y realmente continuasen con el flujo, quizá entonces sería apropiado enviar las primeras páginas como introducción. Con una nota sugiriendo que si lo de ellos es un compromiso real, entonces a petición se les podría proporcionar más mensajes. Esto permitiría la repartición de los costes de reproducción y del mailing de manera que no fuese una carga para unos pocos. Cada persona comprometida probablemente haría solo unos cuantos contactos apropiados. Esto también permite el anonimato y la protección. Se asume que solo aquellos conocidos y que se estiman apropiados serían contactados, y que las discusiones se podrían llevar a cabo en grupos de 3, 7 y 12 (esto de nuevo es para recordaros el poder numérico disponible dentro del orden matemático divino.) Es totalmente apropiado el que los intentos de formular una posible declaración de propósito se lleven a cabo a nivel de pequeños grupos. Cuantos más intentos se hagan, antes se presentará "el perfecto". Cuando esto suceda, ese grupo será totalmente consciente de que se ha completado el final de esa fase. Lo que tenga que hacerse luego también se sabrá, porque conectará con la conciencia del grupo, atraído por el poder de la fusión de todas las contribuciones de la totalidad de los grupos. (Aquí de nuevo se te recuerda que el pensamiento piensa en y sobre si mismo cuando está en armonía divina.) ¿Cuántos participantes son necesarios para esta fase participativa? Esto depende de tres factores: quién, con que rapidez sea iniciada la fase y las discusiones productivas que realmente se estén llevando a cabo. La pelota está en tu campo. Las respuestas que no sean intelectuales y que vayan más allá en el cambio de percepción, son la clave. Nosotros podemos participar más adelante cuando nos devolváis la pelota a nuestro campo. Mientras tanto, estamos limitados en este proyecto, a este flujo de información y a daros ánimos.

El panorama general desde nuestra perspectiva, se puede decir, que es esperanzador. Los planes de nuestros interesantes participantes del propósito opuesto continúan ciertamente a tiempo. Es importante que el punto de vista de nuestro enfoque sea uno de acción, y no de reacción. Está en la habilidad de nuestro grupo el tener una perspectiva dual y equilibrada, y que se propague con la conciencia de nuestro proyecto. Esto sustentará el impulso. Debe haber una conciencia de la inevitable e impresionante probabilidad de que su "plan" tenga éxito y de que una conciencia de equilibrio, que es la nuestra, es el único cambio disponible que ofrece el poder, para liberarnos del pretendido horrendo futuro. Si se sigue con dedicación y resolución a través de la aplicación de las leyes universales de la atracción, la intención enfocada para crear un nuevo paradigma de experiencia y la permisividad a través de la no resistencia, la vuelta al equilibrio y la armonía deben ser el resultado final. Solo a través de esta forma, puede la ayuda tan ardientemente solicitada por la sufriente humanidad ser proporcionada. Todo lo anteriormente discutido, lo de ayudar a otros a tomar conciencia sobre la posibilidad de crear un nuevo paradigma de experiencia para este enfoque planetario, cuando simplemente se indica, es que volver a la responsabilidad personal es la única avenida que conduce hacia el éxito. Aquellos incapaces de ir más allá del deseo por las ganancias materiales personales y de la necesidad de controlar los eventos y el resultado, pronto abandonarán y se quedarán a un el lado del camino. Si el discernimiento se usa para elegir contactos apropiados, puede que a éstos se les considere, aunque no se contacte con ellos.

Si al principio no vienen a tu conciencia los nombres apropiados, debido a que continuas con tu deseo de participar, los nombres y los contactos fortuitos se "darán". ¡La ley de la atracción funciona! Simplemente mantén el deseo en tu conciencia, especialmente en aquellos momentos en que prestas menos atención a otras actividades. Cuando te retiras a dormir, cuando te despiertas, al final de una meditación o cuando haces una oración con intención, son todos ellos momentos apropiados. Cuánto más a menudo venga a tu mente y sientas intensamente el deseo de formar parte de este ejercicio positivo que es el de participar con el creador dentro de su "modos operandi", mayor será tu contribución. El compromiso y la resolución son las cualidades boyantes que mantienen este deseo en la superficie de tu conciencia, de modo que atraerás hacia ti las oportunidades para poder participar. A través de este proceso serás verdaderamente bendecido y serás un rayo enfocado de luz en este mundo oscurecido. Un foco se expande en un circulo cada vez mayor al final del rayo. Un mayor entendimiento gracias a tu elección, el de llegar a formar parte de este proyecto, te permitirá expandir esta luz de entendimiento en medio de un mundo que se está oscureciendo. Tu confianza interna y la paz de saber que algo poderosamente nuevo ya se está creando a medida que la realidad presente está cambiando, es un polo positivo muy poderoso. Esta actitud atraerá hacia ti a aquellos que desean el cambio y que están listos para trascender el estado de victima. Serás la pequeña piedra dentro de tu propio estanque de experiencia. Tu servicio continuará expandiéndose a otros niveles de experiencia. No te planees una vida sosa y aburrida a partir de ahora.

Tu participación en este proyecto traerá consigo recompensas personales. Y la santidad reconocida no es una de ellas. Habrá cambios en la conciencia a medida que vas participando y a medida que tu cuerpo sea capaz de acomodarse a ellos. Aquellos de entre vosotros que continuáis deshonrando al templo viviente de vuestro espíritu, os perderéis algunas de estas recompensas. La cafeína, el tabaco, las bebidas gaseosas (bebidas de cola etc,) una dieta a base de alimentos preparados y procesados (demasiado cocidos), etc., requieren que reconsideres tus prioridades. Muchos de vosotros estáis sin pareja, lo que resulta en ir a comer fuera. Considera tus elecciones y opta por una comida que esté cocinada durante menos tiempo e incluye alimentos crudos. Y si comes en casa, ahora muchos supermercados tienen alimentos ecológicos (orgánicos) que puedes tomar. El comer en exceso hace que el cuerpo emplee su energía en la digestión en vez de usarla de un modo más productivo. Cantidades menores de alimentos nutritivos permiten al cuerpo emplear su energía disponible en otras actividades y posiblemente requerir periodos de sueño más cortos.

Se os está pidiendo mucho, pero el saber que os habéis encarnado aquí durante esta vida para participar en este proyecto, os permite el dejar de preguntaros "por qué yo, por qué aquí y por qué ahora." Esto en si mismo hará que cambies tus prioridades. Ya que el participar en esto se convertirá en tu prioridad, y aquellas actividades que no son importantes para ello cambiarán y desaparecerán de tu vida. Es la manera en que funciona. ¿Controlará esto tu vida? Esperemos que no. Es donde está la acción y así tu vida lo controlará. ¡Una perspectiva diferente y llena de energía! El asumir la responsabilidad personal y el moverse dentro del flujo de la creación con el propósito de expandir la creación, trae consigo recompensas de naturaleza personal, así como para la perspectiva general. Es una experiencia de lo más agradable. A medida que participéis, recordareis como se siente el estar en equilibrio y en armonía y esto a su vez os asistirá para que sepáis y hagáis vuestras contribuciones necesarias para la totalidad del proyecto. ¡El bendecir es ser bendecido sin lugar a dudas!

No. 35

Es interesante desde nuestra perspectiva el ver que estáis construyendo activamente un embalse de energía que se mantiene ahí estancado. Hay un creciente número de personas conscientes del proyecto del paradigma, pero pocos, si alguno, se han sentado a redactar lo qué podría ser su idea personal sobre una declaración de propósito. Es como si tuvieseis que esperar hasta encontraros en algún tipo de reunión formal para conseguir cualquier cosa. ¿Dónde está la responsabilidad personal en esta respuesta? A mi me parecería que el traer a las reuniones vuestras propias ideas definidas, aportaría una intención diferente para definir un propósito. Se esperaba que esto fuese el resultado natural al sugeriros que empezaseis este proceso para vuestra propia salvación. No asumáis que vuestro estatus de equipo de tierra es suficiente. Estáis en la experiencia de la 3ª dimensión y estáis regidos por ella al igual que el resto de habitantes del Planeta Tierra. Si la responsabilidad personal es el núcleo fundamental, entonces actuad según ella, y especialmente con respecto al proyecto si esperáis conseguir su propósito.

Nos cuesta desde la perspectiva de nuestra experiencia el comprender lo difícil que os resulta el experimentar dentro del nivel vibratorio de la Tierra. La combinación de técnicas planeadas que se están aplicando para reducir dichas vibraciones en todos los aspectos de la existencia terrenal, está inevitablemente disminuyendo la vibración de forma medible. Y pronto se alcanzará la masa critica de humanos que actualmente está bajo el control de estas técnicas combinadas. Es importante que entendáis que el punto de masa critica que se necesita para la intención maligna es diferente de la que se necesita para la intención de inspiración y elevación. Esto no se puede calcular simplemente en porcentajes, ya que el grado de evolución de cada alma y su extensión deben ser considerados en este cálculo. A medida que el nivel de vibración desciende, el punto de masa critica asciende, mientras que lo opuesto es verdad desde nuestro punto de vista. El hacer descender la tasa vibratoria es mucho más difícil que el elevarla. Una simple toma de conciencia puede provocar un salto en el nivel de vibración. Así que, ¿por qué no desencadenamos una gran toma de conciencia planetaria y arreglamos todo este asunto? A medida que la tasa vibratoria desciende, las sinapsis cerebrales se vuelven cada vez más débiles. También el empleo de sustitutos del azúcar como la"sacarina o aspartamo" está destruyendo lentamente la habilidad del cerebro para funcionar, ya que destruyen las terminaciones nerviosas. Estos pueden y de hecho lo hacen, cruzar la barrera hematoencefálica. Más aún, las dietas bajas en grasas insaturadas/y altas en carbohidratos ricos en azucares están dejando morir de hambre a las células cerebrales. Todo esto forma parte del plan: recuerda que ellos comprenden lo suficientemente bien las funciones del cuerpo físico como para desarrollar técnicas para debilitar la conexión del ser con su fuente vibratoria, con la esperanza de que se pueda romper en el momento que ellos así elijan. Permitidnos insistir en lo importante que es el que penséis detenidamente en esta información y de que leáis vuestras etiquetas y de que asumáis vuestra responsabilidad personal en el cuidado de las funciones corporales necesarias para participar en este proyecto. Más allá de lo que se ha mencionado en este mensaje y en el anterior, el factor crítico que queda por nombrar es el del nivel de PH de vuestro cuerpo y de vuestra sangre.

Si realmente deseas en serio volver a una experiencia dimensional más elevada, entonces se requiere de ti que domines la 3ª dimensión y se recomienda que finalices este proyecto como pasaje. La responsabilidad personal es la responsable de vuestra expresión personal en esta experiencia de vida, empezando por vuestro templo corporal. Para lograr esto necesitarás ahora pensar de forma diferente e independientemente de lo que se os está enseñando en vuestros medios de comunicación y de la comunidad médica. Incluso la mayoría de los "profesionales" llamados alternativos carecen de un escaso entendimiento holístico y ofrecen una asistencia parcial con sus productos caros. El masaje es un descanso muy placentero, pero no sustituye a la práctica personal de ejercicio suave regularmente.

¿Os estamos sermoneando? Lo que se ofrece solo pretende ser una guía. Y si te lo estás tomando de cualquier otra manera, entonces es que estás reaccionando a través de la función distorsionada del ego. Depende de si puedes mas bien actuar más que intelectualizar. El ego ha sido distorsionado, así que le encanta pontificar y excusarse de manera que pueda evitar la responsabilidad personal. Es muchísimo más fácil el hablar que el hacer cuando se trata de cambiar patrones ya establecidos. Puede ser superado si se ignora y se sitúa el enfoque más allá del caos del cambio en vez de visualizar el resultado final. Las imágenes van más allá del proceso de intelectualización y son el verdadero leguaje del cerebro. Para poder conseguir una declaración de intenciones, los grupos destinados a dar a luz a la nueva humanidad deberán dedicarle tiempo a visualizar (soñar) aquello que cada uno sea capaz de concebir con su imaginación (yendo dentro de la mente de Dios) y entonces procurar ponerlo en palabras concisas. El proceso puede comenzar con palabras, después con películas mentales, y después otra vez con palabras, etc. Esto introduciría en la practica la meditación con un propósito, una herramienta maravillosa de las dimensiones más elevadas. Yo creo que ha sido referido como "el convertirte en aquello que deseas". Aquellos conocidos como chamanes y oráculos usan esta técnica y caminan entre dos "mundos". Existen matices en las leyes universales que secundan el propósito intencionado de experimentar vuestro camino de regreso a la fuente de todo. Es una aventura que ofrece desafío y regocijo, y que va mucho más allá de los retos físicos de la 3ª dimensión. Éstos dejan un sentimiento de vacío que algunos sienten que sólo puede ser llenado con más experiencias desafiantes, y que traen consigo los mismos resultados frustrantes de vacío. Los caminos de aprendizaje han sido bloqueados, y a la humanidad en la Tierra se le ha dejado persiguiendo su propia cola, la cual que no existe, y conducida por una espiral descendente.

Continuando con nuestro enfoque sobre la aceptación de la responsabilidad personal, es importante el considerar otro aspecto. Se percibe el ideal de responsabilidad personal como el otorgar un gran peso al aspecto de la responsabilidad. Si el acento se pusiese en el aspecto personal serviría mejor a la humanidad. De nuevo lo personal ha sido distorsionado para asumir el significado de egoísmo que ha sido traducido del enfoque deliberado de negar que uno pueda crear independencia e independientemente y deba tomar lo que necesita de algún otro. Los banqueros en vuestro planeta ilustran esta ley del sistema negativo propuesto y llevan a cabo este concepto hasta el extremo. Este grupo no solo está visualizando su resultado planeado, sino que actualmente lo está viviendo. Esto aumenta la energía disponible que se necesita para que su plan siga adelante. En vuestra biblia hay una declaración que reza algo así como "La lluvia cae sobre el justo y el injusto. Cómo te sientes con respecto a eso?" La lluvia se refiere a las leyes universales trabajando dentro del enfoque de ambas polaridades. Se os ha programado para pensar que el polo negativo es siempre "malo". Dentro del contexto del todo, esto no es verdad. No existe la electricidad (energía en movimiento) sin ambos polos. Es el uso distorsionado más allá de la normas del equilibrio el tema en cuestión en este momento. Personal, significa verdaderamente la expresión armoniosa del fragmento de la energía del creador expresándose radiantemente al continuar con el flujo de energía expansiva dentro de cualquier dimensión en la que se encuentre. La palabra fue dejada a su aire dentro del enfoque que hacía referencia a los fragmentos como la familia de dios, perSONal ("SON" hijo masculino en inglés). De nuevo la referencia masculina porque está dentro de la percepción de expansibilidad, siendo éste un aspecto masculino. En otras palabras, la responsabilidad personal ejemplifica la disposición a ser un flujo de energía expansiva dentro del reino de vuestro patrón de experiencia. Con el ciclo de energía que os rodea, moviéndose en un flujo direccional opuesto, debéis nadar a contracorriente por así decir, para lograr lo que pretendéis.

Con suerte estos mensajes os proporcionarán una roca conveniente en la que os podáis situar por encima de este flujo, para poder tener vuestro equilibrio, ganar en fortaleza a través de la resolución y entonces comenzar a reunir las rocas necesarias para construir una presa para desviar el flujo hacia una nueva dirección. Lo vuestro es un proyecto sagrado que refleja la naturaleza holística de cómo funciona "todo". Las piezas se deben ir reuniendo dentro de vuestro enfoque secuencial pieza por pieza, pero puede que así no suceda, en la verdadera realidad. Por eso es tan importante que confíes en el proceso, especialmente cuando pienses que las cosas no están funcionando como deberían. Simplemente haz tu parte y todo se colocará en su sitio! ¡Confía!

No. 36

Continuemos con estos mensajes durante algunas sesiones más. Estos pertenecen a la fase paternal del proyecto nuevo paradigma.

La pelota está entonces en tu campo de acción. O bien recoges la pelota y te mueves de hecho para concebir el "bebé" o no. Desde luego nosotros hemos estado haciendo todos los esfuerzos posibles para animaros a participar. Si es necesario que tiréis la piedra en el siguiente nivel, entonces os daréis una vuelta interesante con la nave espacial tierra. Esta es una nueva llamada para despertarse. El programa del despertador está a punto de finalizar. Si tu estás leyendo esta información, es que formas parte del equipo de tierra y solo necesitas darte cuenta de que ya es hora de quitarse el disfraz y de comenzar con tu misión. El equipo de vuelo no puede aterrizar hasta que el campo esté listo y la invitación haya sido cursada. Como se ha sugerido antes, empezad a formular y a soñar con posibles escenarios dentro de vuestra propia conciencia personal. Esto activa la resonancia de la ley de la atracción. "En el principio hubo el pensamiento y el pensamiento se convirtió en carne."

Es cuestión de que la información compartida anteriormente sea comprendida de una manera cohesiva, de modo que te permita operar dentro del proceso apropiado. Ya que el paradigma sólo puede crearse dentro de un formato holográfico que resuene armónicamente con la totalidad de la creación, parecería lógico que entendieses los parámetros básicos requeridos para asegurar el éxito. Y puesto que esto implica el trasmitir esta información poco a poco de manera que pueda ser considerada y asimilada, termina extendiéndose a lo largo de muchas páginas. Entonces se te deja para que unas las partes y las combines de manera que puedas formular una base sensata para moverte dentro de un proceso creativo con confianza.

Será necesario que adoptes una actitud de estudio y que releas estas lecciones para que puedas construir tu propio entendimiento y que puedas crear tu propia base personal. Existen matices dentro de las leyes que florecerán dentro de vuestra conciencia gracias al proceso de estudio¬asimilación. Suponemos que os gustaría el que nosotros simplemente os proporcionásemos el esquema a seguir, pero eso no permitiría que se alcanzase el proceso de florecimiento como resultado final. Es bonito recibir un ramo de flores y simplemente disfrutar de su belleza y de su fragancia, pero uno se saltaría el proceso de crecimiento. Es necesario que "cultivéis" vuestro propio entendimiento. El manual del nuevo paradigma es un tesoro precioso que se os ha dado para que podáis entrar en vuestra radiante estancia de servicio y podáis cumplir con el destino que habéis escogido en la historia del Planeta Tierra. Gracias a este proceso, el que se ha sugerido, la carga de la responsabilidad será trascendida en el puro gozo de traer "i-luz-minación" a un mundo de oscuridad.

Dentro del proceso holográfico está el hecho de mantener el enfoque que permita que la manifestación complete su ciclo pretendido. El enfoque de pensamiento se mantiene durante largos periodos de tiempo (de nuevo manteniéndote dentro de la verdad) al establecer las oscilaciones vibratorias dentro de una escala que emana sonido. Esto ha sido toscamente imitado por vuestra música. En pureza se puede comprender como si fuese de una cualidad cristalina como las campanas. Las campanas tibetanas te pueden dar una ligera idea de las reverberaciones que continúan durante largo tiempo, más allá de lo que el oído humano pueda captar. Dentro de un contexto holográfico, la vibración continua se establece de un modo súper unido, llevando a cabo el paradigma expansivo. Cada creación holográfica es única, recordando a vuestros copos de nieve. Dentro de cada galaxia se haya presente una melodía constante de sonidos tipo campana que es percibido en parte por algunos y que ha sido referido como "la música de las esferas" que lo describe a la perfección.

De momento la tierra se haya bastante fuera de sintonía. Contempla la resonancia de la música cristalina de las esferas y entonces piensa en el punk rock. Se puede pensar en ello como el sonido resonante de la nueva galaxia planeada por los oscuros. ¿Te gustaría vivir ahí todo el tiempo? La resonancia perfecta se obtiene a través del equilibrio. Esta es la razón por la cual la música rock es tan destructiva para el equilibrio de la gente joven. Está diseñada para que la base se construya de una forma desequilibrada y disonante. Refleja externamente el desequilibrio interno de sus compositores y potencia las tendencias caóticas dentro de la psique de aquellos que pasan mucho tiempo escuchándolo. El puente para esta fase de la música romántica y sexualmente estimulante fueron los Beatles. Esta música temprana contenía melodías con una menor cantidad de distorsión como se ha demostrado en las versiones orquestales posteriores. Sin embargo, abrió la puerta a las distorsiones más destructivas que inevitablemente le siguieron. De nuevo, todo ello forma parte del plan para enlentecer y hacer descender la vibración humana.

Para que puedas formarte un concepto sobre una experiencia en una dimensión más elevada, es necesario que tengas cierta comprensión sobre la experiencia desde una perspectiva más creativa. La interacción holográfica es básica para este entendimiento. La metodología actual para producir este fenómeno implica el uso de un rayo de luz enfocado a través de una trasparencia que produce una replica dimensional flotante. En un holograma existente (es decir tú), concibes un pensamiento de un deseo para que se produzca de igual modo holográfico. Este pensamiento que piensa (tú), enfoca gracias a la ampliación de este pensamiento con detalles que más adelante definen el deseo holográfico, y aumentan la energía del pensamiento tipo-rayo con emociones de lo que sería el disfrutar de la experiencia de este nuevo holograma, y por lo tanto confiriéndole poder para que se manifieste en la forma.

Vosotros llamáis al concepto holográfico, 3D o tercera dimensión. ¿Y en qué es diferente la 4ª dimensión? 3D abarca la idea de altura, anchura y profundidad, pero no incluye ningún movimiento dentro del holograma de su propia voluntad. (Se necesitan gafas dimensiónales para ver las películas 3D. La realidad virtual también es una manipulación.) El siguiente paso dentro de la experiencia de la 4ª dimensión superpone la dimensión de la acción viviente o vibratoria dentro del ámbito del holograma mismo. Un holograma verdadero es proyectado a través del pensamiento, no a través de un mecanismo. Ya que el pensamiento tiene el poder de actuar sobre si mismo con más pensamientos, es auto-consciente. Un nivel más alto de auto-conciencia implica un nivel de vibración más elevado o dimensión de experiencia. Las semillas de una dimensión se plantan dentro de una dimensión inferior.

Esto te hará comprender que ya eres consciente de ser auto-consciente. Sin embargo, esta semilla debe ser nutrida y cultivada para que pueda florecer y trascender, hasta un punto en que exceda su actual situación gracias al aumento de su nivel vibratorio y se eleve a si mismo y cambie de dimensión, y así permitirse tener mayores oportunidades para crecer y llegar a ser aún más auto-consciente. Lo que estáis intentando hacer es que todo este proceso se manifieste a escala planetaria ya que la vibración del medio ambiente de la tierra está tan distorsionada que los individuos por si mismos ya no lo pueden conseguir. Al igual que Moisés tuvo que cruzar el Mar Rojo en el momento exacto de un cambio planetario, esto está programado para el momento exacto de un cambio galáctico. ¿Y cómo lo sabréis? Este es nuestro trabajo.

Como es habitual, se os recuerda que a menos que creáis un tapón y tiréis de él, se empleará cualquier otro plan de respaldo que hará que la humanidad pierda su oportunidad para limpiar sus propios actos y pueda catapultarse para ascender. Continuamos enfatizando en el poder que sostenéis en las palmas de vuestras manos. Es un verdadero regalo el poder estar en esta posición, el de asistir a este planeta y a sus habitantes en un cambio de tal magnitud y que conlleva consigo una oportunidad para, literalmente, dar un salto y elevar la escala vibratoria. Nosotros solo podemos llamar vuestra atención para que aprovechéis esta oportunidad y actuar con nuestra capacidad de asesoramiento. Vosotros sois los que tenéis que realizarlo. No es la primera vez que habéis participado con roles similares. Esta es la misión para la que en verdad os habéis entrenado, para poder participar, así que ahora no sueltes la pelota. No hay nada más importante actualmente en tu experiencia de vida.

No. 37

Se están llevando a cabo grandes progresos en las mentes de aquellos que están leyendo estos mensajes. Por progreso queremos decir que se está dando un cambio dentro de la conciencia que se refleja dentro de la actividad holográfica que eres tú. En otras palabras, el pensamiento que cada uno de vosotros sois, está pensando y actuando dentro de si mismo. Vuestros psicólogos/psiquiatras dirían que hay un cambio en los datos que están almacenados dentro de vuestro subconsciente. La oración dada anteriormente, "Estoy llegando a ser humano, ayúdame a llegar a ser" es lo suficientemente poderosa como para que simplemente el leerlo y considerarlo con una actitud positiva haga que la transformación comience a darse. La actitud de víctima se haya profundamente arraigada dentro de la humanidad en su conjunto. Apaga la luz de cada niño tan pronto éste es absorbido por la actitud de los padres. Con la comprensión de que la idea de víctima es una falsedad y una idea a ser liberada, el patrón holográfico comienza inmediatamente a clarear y a despejarse. Úsalo como un mantra, especialmente cuando te encuentres en situaciones que en el pasado hayan activado lo que ha sido referido como el "dar tu poder". Estos pueden ser encuentros con otras personas o situaciones en la vida resultantes de decisiones inapropiadas. Las palabras de la oración permiten que se dé un cambio de actitud que refleja la intención de recuperar ese poder. A medida que se va practicando a pequeña escala dentro de cada vida individual, se convierte entonces en un pequeño grano de arena en la conciencia de la masa que crece a medida que otros reciben y comienzan a usar este pensamiento sencillo en sus vidas diarias.

Puede ser apropiado el definir lo que es un mantra. Son una serie corta de sonidos o palabras que producen equilibrio dentro de eso que llamáis la conciencia subconsciente. A menudo los sonidos provienen de lenguas antiguas que no son comprendidas conscientemente, pero que resuenan a nivel del ADN/RNA del cuerpo produciendo un cambio externo de una manera fluida. El mantra que se usa comúnmente es a menudo una decisión intuitiva por parte de la persona que se lo asigna a otra. Frecuentemente no se da la combinación apropiada y después de años de repetición apenas se perciben algunos cambios o bien ninguno. Algunos lo eligen por si mismos con los mismos resultados. El uso de la simple oración, "Estoy llegando a ser humano, ayúdame a llegar a ser", garantiza los resultados. Se obtiene el máximo beneficio, no al dejar de lado una época y usar repeticiones continuamente, sino al usar simples afirmaciones hechas en conexión con el reconocimiento consciente de aquellos pensamientos, encuentros o situaciones que están accionando tu respuesta de victima. El recordarlo y pensar en ello varias veces a lo largo del día es también de gran ayuda.

Todos vosotros tenéis respuestas de victima, y no hay excepciones. Simplemente niegas que lo haces para poder negar que das tu poder a un Ego que no existe. La negación es el escudo de un Ego engrandecido que adopta la actitud de victima como resultado. Esta oración terminará con la deificación del ego. El ego es una función no la personalidad de un dios falso. "No adorarás a ningún otro dios antes que a mi." El dios falso número uno es el ego falsamente entronizado al que se te ha programado para luchar en contra. Son apropiados un número de citas comúnmente usados como "Aquello a lo que te resistes, es lo que persiste." "Aquello a lo que más temes es con lo que te toparás," etc. Se os ha programado para que os dirijáis hacia cualquier parte excepto hacia dentro en auto-contemplación que resulta en auto-poder y que a cambio fluye hacia fuera en una expresión expansiva. La auto-contemplación no significa el sentarse y mirarte el ombligo preguntándote "¿quién, qué y dónde estoy yo? Es la práctica del uso de las leyes universales y contemplar el resultado de estas aplicaciones en la experiencia, con el propósito de la auto¬iluminación. Cada experiencia es una pequeña piedra en el lago de tu vida."

Vuestros no tan amigables perpetradores han añadido otras capas de programación muy efectivamente. No debes mirar hacia dentro u otorgarle poder al yo porque eso es ser "egoísta". Entonces eres "culpable" si consideras el otorgarle poder al yo, ya que está implícito que usarás el poder para "estar por encima" de los demás. Y esto da como resultado una distorsión debido a una mala interpretación ya desde una edad temprana, en la infancia, ya que cada uno intenta establecer su tendencia innata a seguir aquello que le proporciona mayor felicidad y convertirlo en una expresión mayor. La distorsión se extiende en incontables patrones de comportamiento complicados que se entremezclan e interaccionan y que pasan de una generación a otra. El simple uso de la oración/mantra con frecuencia dentro de las situaciones de grupo/familia por parte de los miembros participantes traerá consigo cambios espectaculares. El amplio uso de ello y con "sabiduría" tendría resultados fenomenales.

El punto que se pretende hacer en este segmento de información no es el de sermonear, sino en vez el ilustrar como una declaración de simplicidad y llamamiento puede generar un cambio de manera que resuelve y literalmente disuelve los patrones de experiencia distorsionados entremezclados e interrelacionados. Si lo dudas, usa la pequeña oración y observa lo que sucede. Cuanto más lo uses apropiadamente (sabiamente) mayor será la demostración que verás. Siguiendo algunos de los primeros usos recordados, te encontrarás a ti mismo/a usándolo en silencio en situaciones tan sencillas como cuando estas irritado/a porque la camarera es lenta. Cambia tu experiencia, lo que a su vez cambia la de ella. Habrá grandes estados de irritación que pasarán y al recordarlos serán los momentos más apropiados para expresarlo con sentido (emoción). ¡Funciona!

Puede parecer que esta serie de mensajes hayan sido quizás condensados en unas cuantas declaraciones sencillas que serían tan efectivas como la pequeña oración. Quizá, ¿pero acaso las habrías escuchado? Al observar las tendencias humanas, especialmente aquellas abrumadas y saturadas por los medios de comunicación y por el desorden informativo, es una cuestión de desmarcase de los patrones establecidos y del síndrome de "leer y tragárselo todo". La mayoría de los que han despertado a la realidad de la situación que os rodea son ávidos lectores y oyentes con este síndrome profundamente arraigado. El método avasallador de los medios de comunicación consiste en una constante repetición, presentada sencillamente y apoyado por palabras y frases subliminales clave. Esto coloca un escudo de resistencia a nivel subconsciente, que acepta entonces los mensajes subliminales como si fuesen flechas penetrando en su objetivo.

Estos mensajes han tenido que penetrar lentamente este escudo usando la repetición y la comprensión de la verdad, son nuestras flechas para atravesar el escudo y provocar la apertura en lugares del mismo, para que estos mensajes puedan ser absorbidos al ser releídos la misma versión una y otra vez, pero comprendida bajo una nueva luz. Una mayor claridad y precisión con respecto a ciertas declaraciones verdaderas deberían aumentar este proceso de apertura. Esto no quiere decir que vuestro escudo, el que pretende protegeros del bombardeo de los medios de comunicación se haya debilitado, sino todo lo contrario, se ha fortalecido. Cuanto mayor sea tu comprensión sobre el cuadro general de los distintos aspectos de la situación que te rodea, más te permitirá conscientemente examinar con cuidado toda la información que estás registrando. La comprensión de la verdad y tu compromiso sincero con el proyecto han reorganizado el contenido de tu subconsciente de modo similar a los programas usados para que los expedientes computerizados puedan ser reorganizados, permitiendo que el espacio del disco pueda emplearse con una configuración más eficiente. Esto se reflejará en las experiencias de tu vida. Puede que haya alguna confusión, especialmente durante tus patrones de sueño a medida que se vaya reorganizando tu subconsciente. Para los más auto¬conscientes, será más pronunciado y por un tiempo, incluso molesto. Este proceso te permitirá asimilar los contenidos importantes de los mensajes en un formato en ambos niveles de conciencia. Es como entrar a la vez en dos programas de ordenador que interactúan entre sí. Algo así como el Word revistiendo al Windows, ambos contribuyendo a una mayor aplicación practica disponible para el "usuario". Lo bien que funcione dependerá de lo bien que el usuario aprenda y aplique las funciones únicas disponibles. Esta es una analogía apta para considerar cuidadosamente por parte de aquellos usuarios que intentan aprovecharse de la oportunidad de atajar viejos métodos de "sacar la porquería".

No. 38

Hay muchos niveles involucrados en el proceso de generar este cambio acelerado en la conciencia de los habitantes de la tierra y la conciencia planetaria. El enfoque de la conciencia de la masa a nivel individual es hacia el exterior en contemplación del entorno de cada uno. El enseñar deliberadamente que el creador es una personalidad en algún lugar mas allá del cielo, allá en "los cielos" haciendo juicios arbitrarios sobre cuál de las víctimas que rezan esperando se merece una respuesta, es una imagen de la estructura inherente dentro los planes aborrecibles que se han llevado a cabo a todo vuestro alrededor. Su enfoque es constrictivo, lo opuesto de la creación expansiva que se mantiene a si misma a través de un modo de súper-unidad, queriendo decir que el flujo genera un aumento exponencial de energía más allá de lo que se ha enfocado en la manifestación. Esto resulta debido al movimiento inverso del enfoque auto-contemplativo, que se haya dentro de la manifestación intencional o de la acción de la 2ª ley universal. De nuevo se puede asociar a las dos caras de la misma moneda. A través de la intención de crear/manifestar está el resultado de la manifestación y luego la contemplación o la experiencia de este proceso que es el yo, contemplándose a medida que experimenta. Esto involucra los 5 sentidos, la observación del ego y el proceso del pensamiento contemplativo. Idealmente todo esto debería suceder durante la experiencia de la vida individual en un fluir.

Esto no quiere decir que cada individuo estaría siempre creándose experiencias positivas. Sin embargo, si el proceso fuese comprendido a nivel subconsciente, entonces los efectos de cualquier experiencia provocada por una causa inapropiada serían contemplados. Gracias a los ajustes necesarios de actitud e intención, se habría "aprendido" una lección y el patrón global de la experiencia hubiera continuado con escaso trauma, y se habría ganado mayor sabiduría y luego aumentado la vibración de la energía.

Al considerar el ideal, es fácil concluir que la corriente que han planeado cambiar para crear un flujo opuesto inclusivo terminaría en algo así como la teoría de vuestros científicos sobre los agujeros negros, absorbiendo todas las energías disponibles dentro de una masa compacta. ¿Por qué entonces no se han dado cuenta estos planeadores del gran cuadro general y del final inevitable de sus esfuerzos? El ego coronado y adicto al poder y al control es raramente capaz de percibir lógicamente. Vosotros percibís este tipo de distorsión como una locura debido a la incapacidad individual de seguir la norma lógica del grupo social. A veces es porque el proceso del pensamiento creativo va mucho más allá de esta norma social y otras veces éste, está gobernado por una habilidad distorsionada para percibir. En ambos casos esto es genético y a la vez una conducta aprendida a través de un adoctrinamiento controlado e intercambiado entre la generación actual y aquellas que le siguen. El grupo en particular que nos mantiene interesados promueve la longevidad y cree positivamente en la reencarnación. Cada jerarquía se programa desde el nacimiento a través de ritos mágicos creyendo que son la reencarnación de un linaje a través de una larga línea de predecesores todos ellos dedicados a este proyecto. Cada generación se percibe a si misma como más poderosa que la anterior. De esta manera, su proyecto ha continuado durante lo que vosotros percibís como eones de tiempo hasta este punto crucial tan importante.

Este proyecto, que se desvía tantísimo de la norma aceptable, se ha manifestado gracias al uso de las dos primeras leyes del universo, atracción e intención enfocada. No obstante, no les es posible el salirse del flujo de la energía expansiva de un modo relajado. Ignoran la ley de la permisividad, el dejar hacer. La única manera para mantener el equilibrio es a través de un control rígido de todos los aspectos, planeando y ejecutando cada detalle para que todo encaje dentro de su plan global. Las desviaciones se detectan lo más rápido posible y con premura intentan remediar la situación por todos los medios posibles, en la creencia de que el fin justifica los medios. La visión general del patrón de su plan no indica que éste sea menos formidable. La Tierra y sus habitantes están firmemente bajo sus garras, bajo su influencia y la situación debe ser resuelta intencionadamente. Ha rebasado el punto en el que la contención sería lo apropiado mientras los habitantes descubriesen su papel. El control que se está ejerciendo supera la posibilidad de que esto se lleve a cabo sin un foco de asistencia. El foco de ayuda se está manifestando, en el corazón de su juego, en la forma del Proyecto Nuevo Paradigma con sus multifacéticas aplicaciones de las cuatro leyes. Debes contemplar el proceso del revés, de dentro hacia fuera concurriendo con el proceso de fuera hacia dentro a través de los detalles de las facetas anteriormente explicadas sobre el flujo creativo para llegar a la imagen del juego del tablero. Entonces serás capaz de elegir inteligentemente si unirte al juego o no.

Será interesante seguir el juego. Un enfoque del juego será intenso y controlado mostrando un aura decididamente restrictiva, planeando y examinando cada movimiento. El otro, relajado permitiendo que cada jugada esté dirigida por la sabiduría del pensamiento que piensa y resultando en movimientos de ficha pausados, cada uno de ellos fluyendo dentro del siguiente de un modo expansivo. El adversario considera que cada jugada representa un cambio necesario antes de que otra jugada pueda ser conceptualizada y enfocada en la manifestación dentro de la aplicación proporcionada por el uso de dos leyes universales como un factor auto¬gobernante. Para ellos el equilibrio significa un control establecido. Ya que su enfoque está restringido solo a las dos primeras leyes, el usar la tercera de un modo opuesto, hace que la cuarta sea imposible de alcanzar. En otras palabras, dentro de nuestra analogía, ellos están jugando solo con la mitad de la baraja. Hay expresiones en argot que se refieren a la locura como jugando solo con media baraja. ¡Bastante apropiado!

Se han empleado analogías frecuentemente dentro de estos mensajes. Cada una ilustra el entendimiento de dos áreas, la reintroducción de las leyes universales y una visión general de las estrategias del juego en términos sencillos. Hemos intentado añadir dimensión a esos entendimientos dentro de los mensajes siguientes. A medida que vas encajando las piezas de información y vas ganando en comprensión, aumentas tu habilidad para contribuir al proyecto. El compromiso y la resolución harán que día a día ganes en confianza en tus experiencias, y que a medida vayas atrayendo hacia ti oportunidades para participar. Esto te libera de la necesidad de reaccionar frente a aquellos individuos programados y que están atrapados en el enfoque negativo y trae permisividad en tu experiencia. Sabes como se está jugando el juego y ahora percibes que puedes elegir el participar inteligentemente, lo que resultará en un nuevo sentido del equilibrio a través del propósito. A través del volver a una expresión expansiva y familiar, tu sentido del bienestar se convertirá en magnético y radiante. Estas comenzando el proceso de trascendencia.

El proceso creativo se aprovecha de cada oportunidad para continuar su modo expansivo. Tu corazón da la bienvenida a esta oportunidad maravillosa y le añade la dimensión de la emoción al proceso del pensamiento, trayendo consigo una expansión dimensional hacia el exterior. ¡Así es como funciona!

No. 39

Hubo un tiempo en que la humanidad que estaba experimentando en este planeta lo equilibraba y armonizaba todo. Fue una experiencia que estableció lo que vosotros podrías llamar el ideal dentro de la conciencia a un nivel planetario. Aquello entonces estableció la habilidad para reconocer el desequilibrio y permitir el deseo de volver a ese equilibrio. La comprensión de lo que es una experiencia equilibrada y armónica o no, viene de lo más profundo de la conciencia. Este enfoque singular es el factor controlador permitiendo al planeta mantenerse dentro del patrón orbital del sistema solar. Lo que se percibe como gravedad referida al magnetismo del planeta no se aplica a los planetas al orbitar dentro del sistema solar. Esta es una aplicación más elevada de la ley de la atracción, o del igual siendo atraído por el igual. Cuando hay criterios similares involucrados en el enfoque creativo que hacen que un sistema se manifieste, esa similitud es la base para mantenerse dentro del campo del enfoque. En la medida en que haya un flujo de súper-unidad natural de energía acumulada, el sistema continuará expandiéndose y se irán formando nuevos planetas. El punto no es el proceso implicado, sino el que simplemente podáis comprender que vuestros científicos no pueden entender lo que se haya en la base de la creación manifiesta sin antes comprender las leyes básicas del universo y el principio del pensamiento que piensa y que actúa sobre si mismo independientemente del control. Una vez que se ha aceptado esta base, es cuando se abre la puerta al entendimiento. Jamás se pretendió que el hombre tuviese que estar mirando a su alrededor asombradamente y sin entender nada, sino que debería comprender. El cerebro humano no es más que un receptor de radio capaz de sintonizar con el flujo de conocimiento siempre presente en el fluido creativo. El campo magnético que os rodea a cada uno de vosotros es como una antena, pero los sistemas de creencias que habéis adquirido han provocado que os desenchuféis de la estación universal y que en vez estéis solo sintonizados con el entorno sensual de los 5 sentidos. El aspecto espiritual del humano y el aspecto divino de la auto-conciencia, os son desconocidos debido a la importancia que le otorgáis a la manifestación material y a la influencia distorsionada de vuestras religiones. La aventura que buscáis en vano para encontrar, se encuentra en la exploración del viaje del espíritu en el que estáis inmersos dentro de la experiencia manifiesta y en encontrar su viaje expansivo de retorno. Esto explica por qué cada vez que se alcanza una meta, ésta nunca es suficiente, y se tiene que conseguir siempre más y más o caer en el desanimo y planear en vez un viaje a la ciudad de las calles doradas y dedicarse a tocar el arpa en una nube del lugar.

La humanidad tal como se conoce a si misma en el Planeta Tierra en estos momentos es experimentando un grado de frustración tal, que realmente es increíble. Se puede comparar a un globo hinchándose a un ritmo exponencial hacia el punto de explosión. Los maestros planeadores del control están vigilando y esperando este punto de explosión y según ellos están planeando su expansión con gran cuidado. Sin embargo, al igual que los globos de un mismo paquete explotan a diferentes niveles de presión de aire, tampoco ellos pueden estar seguros de cual va ser el punto exacto en que éste va a explotar. El punto importante de la cuestión es, cómo dirigir esta energía una vez liberada. ¿Será cómo ellos quieren o puede ser auto-dirigido por la conciencia consciente de la masa dentro de ese globo? ¿Se podría redirigir la energía contenida dentro de la burbuja de la frustración a la creación y desinflar el globo? Ellos carecen de planes de contingencia para tratar con estas posibilidades. Solo se requiere de un pequeño agujero en el dique para destruir la presa. Varios o incluso bastantes agujeros pequeños aseguran y aceleran el proceso. ¿Y porqué no, una gran explosión? El permitir que los puntos débiles se expandan está dentro del fluido expansivo de la creación, mientras que la destrucción deliberada no lo está. El considerar posibilidades dentro de tu propia experiencia de vida es auto-contemplación, y de nuevo, siempre que esté dentro del flujo expansivo de la experiencia. ¿Acaso el enfoque de la aplicación de la ley de la atracción y la manifestación deliberada para dar con su debilidad, y para que no puedan expandir sus planes, incluye la destrucción de aquellos que por voluntad propia os esclavizarían o acabarían con vuestra experiencia terrenal? Se sugiere que conscientemente os retiréis de ese enfoque y que en vez os enfoquéis en un proyecto de creación totalmente diferente, y que simplemente trascenderá el desastre planeado. Esto dejaría a los perpetradores con la bolsa en las manos y experimentando la otra cara de la moneda, como corresponde con la experiencia de la ley de la atracción a través de su propio uso de ello. Esto sería una demostración maravillosa de las leyes universales tanto en concepto como en aplicación.

Al conceptualizar los simples cambios de como se percibe una situación, y el usar un cambio del enfoque de intención aplicando las leyes universales que han creado la totalidad de la realidad manifiesta, es recorrer un gran trecho y ampliar mucho vuestro entendimiento de cómo "son las cosas de verdad." Cuando releas este material, pide por el aspecto espiritual, la fuente de tu manifestación en esta experiencia de vida, para que te otorgue discernimiento. Pide el saber si este material contiene verdad y cuáles son las aplicaciones de estas verdades, que te puedan servir a ti y a tus compañeros habitantes y al planeta. Es tu derecho el saber si esto es una buena guía o es basura. "Pide y se te dará." Esta afirmación no fue dada para traeros cosas materiales directamente, sino para que pudierais recibir conocimiento (información) para poder experimentar y transformarlo en sabiduría. Sería apropiado el continuar parafraseando, "A aquellos, mucho se les dará y de ellos mucho se esperará." Cuando se otorga entendimiento, se espera de vosotros que apliquéis las leyes y que viváis según ellas en una constante aplicación expansiva para posteriormente ganar aún más en entendimiento. "La ignorancia no es ninguna excusa ante la ley". Las leyes funcionan tanto si las entiendes como si no. La aplicación inteligente y con intención es la mejor apuesta para una aventura que te mantendrá deliciosamente ocupado, dependiendo de tu habilidad para ver el conjunto de tus experiencias y verlas en un contexto. Tu actitud determina tu altitud.

Hay muchas piezas del rompecabezas dentro de estas lecciones que irán encajando con cada esfuerzo en serio que se haga. Increíblemente estos rompecabezas una vez completados se convertirán en piezas únicas y que a su vez encajarán en el rompecabezas del siguiente nivel. Existís dentro de un todo dimensional. Incluso las piezas son dimensionales antes que planas. El cambio de concepción que necesitáis está disponible como un escalón para avanzar y alcanzar una mayor comprensión. Cuando añades dimensión y vida, que es pensamiento pensante al tablero de juego, éste se ilumina. A través de tu imaginación puedes empezar a percibir el movimiento dentro del flujo. Nada está sin vida o estancado. Cada quark, átomo y molécula está latiendo con pensamiento y movimiento. Nada es verdaderamente plano o sólido. No podéis atravesar paredes con vuestro cuerpo manifiesto con la densidad de 68 MHz o menos. Esto no debería ser un misterio. Cuando la vibración de vuestro cerebro es de 90 MHz o menos, sois incapaces de sintonizar vuestro cerebro tipo radio con el flujo universal y recibir las claves de los misterios de la intención del enfoque galáctico. Las aventuras posibles que te llevan hacia estas experiencias se engloban dentro de estas lecciones. No todo se presenta directamente ya que hay mucho que debe ser contemplado y elaborado a través de procesos únicos y personales para alcanzar un mayor entendimiento. Dentro del flujo del creador todo lo que es único es divergente y cohesivo. Las dos caras de la misma moneda, o debería ser la visualización de algo que es dimensional más que plano, incorporando las polaridades a través de la expresión y la experiencia con el propósito de volver al equilibrio y correr nuevas aventuras más adelante. La práctica del discernimiento es un matiz inclusivo de auto-contemplación de la experiencia, con el propósito de ganar sabiduría, avanzar y expandirse aún más. Una práctica sabia para aplicar con frecuencia.

No. 40

Cuando el final del milenio ocurra, no será según la fecha de vuestro calendario. No es necesario que los ciclos coincidan con vuestro calendario de las estaciones. La base de los ciclos no es según la perspectiva de la Tierra, sino de lo que llamáis el zodiaco a medida que la Tierra pasa de una influencia de los 12 aspectos de experiencia a la siguiente. El punto de partida del viaje de cada planeta a través de estas influencias no sigue las conclusiones descritas por los astrólogos, pero está resuelto por la ecuación matemática del sistema solar ya está en sincronía con la ecuación maestra de la galaxia. Se puede entonces asumir que el verdadero final del ciclo del milenio es desconocido, no más que en un sentido general, y se encuentra cerca de vuestro tiempo calculado, unos meses más arriba o abajo. Los ciclos cambian a niveles más elevados a medida que los "cuerpos celestes" (observables durante el cielo nocturno, aunque actualmente es prácticamente imposible debido a la iluminación artificial), todos ellos moviéndose en ciclos alcanzan puntos en donde vuelven a repetir e iniciar otro ciclo. Esto indica el final y el principio dentro del concepto del pensamiento finito que está confinado a los reinos inferiores de la experiencia dimensional. Se podría decir que cada ciclo es como una fase del proceso respiratorio permitiendo un periodo de reposo o el pasar un tiempo en el punto cero de equilibrio antes del cambio. El punto cero (punto de reposo) es el punto en que cada creación manifiesta toma parte de un proceso de "alimentación" energético antes de que entre en un nuevo ciclo.

Es esta energía disponible, la que los retorcidos malvados planean utilizar combinándola con la energía separada del alma que planean acumular. Ellos perciben que esto suministrará un estimulo de súper unidad adicional para producir el cambio que han planeado, de positivo a negativo. Ellos también perciben que el control que están ejerciendo será aceptado como el equilibrio necesario para que pueda ocurrir la trasferencia de energía en el punto de reposo del cambio de ciclo. Los magos asumen que los observadores que están atrapados en el proceso aceptarán sus trucos como si fuesen reales. Desafortunadamente para ellos, ellos son los que están atrapados en su propio engaño. El creador y la creación no observan la oscuridad del engaño en todos los pensamientos y sus planes son conocidos.

Por razones evidentes la humanidad tal y como se experimenta a si misma actualmente no puede existir en las dimensiones más elevadas, ya que ahí los pensamientos y las emociones están a disposición de todos y por lo tanto pueden ser leídos. El engaño y la mentira son imposibles ya que las intenciones se conocen totalmente. A la luz del entendimiento lógico, la responsabilidad personal es la base para una experiencia dimensional más elevada. Individuos compartiendo la misma pantalla de experiencia dimensional fuera del pensamiento inarmónico para permitir una experiencia de grupo equilibrada. Los pensamientos enfocados son conocidos y entonces lo que llamáis telepatía mental elimina la necesidad de enlentecer el nivel vibratorio para poder vocalizar los pensamientos. Ya que todos en este nivel son conscientes de que su intención compartida es la de participar en su viaje de retorno hacia la fuente de su propia creación, y esta transición no está cargada de dificultades. ¿Acaso hay desviaciones? Por su puesto, pero normalmente éstas se trabajan en un entorno compasivo y de ayuda. Es raro que un individuo deba ser devuelto a una dimensión inferior.

A medida que comienzas a entender más ampliamente este punto en la historia de vuestro planeta y el segmento de humanidad que ahora reside en él, podrás localizar con exactitud tu propia experiencia dentro de este escenario. Si realmente eres un voluntario que se ha situado a si mismo en una experiencia dimensional inferior para asistir a los individuos aquí atrapados, entonces apenas parece justo que debas estar atado a los confines de esa dimensión. Pero desgraciadamente así es como funciona. Sin embargo, cuando os hicisteis voluntarios para realizarlo, sabíais que llegaría un momento en que se os haría recordar totalmente quienes y qué sois y el acuerdo que un día hicisteis. En otras palabras, se os prometió una llamada despertador. Y esta es vuestra llamada despertador.

No. 41

Y ahora que esta información ha empezado a filtrarse en vuestra conciencia y que los niveles subconscientes de vuestra consciencia se están reorganizando para permitir un ajuste de actitud, se está desarrollando un nuevo enfoque. El mundo que observas está cambiando delante de tus ojos. Se están desarrollando tres niveles de conciencia, la fachada tal y como se os presenta, las actividades de los magos y el reenfoque de la conciencia de la masa de los habitantes del planeta. Los dos primeros niveles de conciencia estaban simultáneamente presentes en vuestra psique, pero estaban borrosos y distorsionados. El examinarlos con detalle te ha aportado claridad y comprensión, y el añadir el tercero, ciertamente te ha situado encima de la primera roca del proyecto del desvío planeado. Ahora es tiempo

de decidir. ¿Decides participar y continuar compartiendo una imagen
clara de la película en curso que se está proyectando a tu alrededor?
Esto es más bien un guión, más que una escena. Está en movimiento
a todo tu alrededor con todas las tres actividades interactuando sobre
el mismo escenario y todas ellas con profundidad, anchura y altura.
Ni falta que hace el decir que de todas las actividades, el proyecto
es en el que menos se está enfocando. Ese es vuestro trabajo. La
descripción básica del trabajo está presente dentro de estos mensajes.
El marco del trabajo está ahí, así que es vuestra responsabilidad
personal el "desarrollarlo". El aspecto del libre albedrío es la pelota
en vuestro campo. Es tu elección, o la recoges o te vas.

Nuestro papel a representar en este drama, tragedia o historia
de amor (es vuestra elección), es la de actuar como productores de
esta producción. La escritura, dirección y actuación son vuestras
contribuciones. El productor provee la financiación y las decisiones
de si el guión propuesto es algo que los patrocinadores (inversores)
van a aprobar. Si los escritores del guión no les traen a los productores
una proposición de escenario, estos últimos pueden decidir un tema
determinado que pueda ser vendible y solicitar a los escritores que
contribuyan con el esbozo general. Ya que no ha habido ninguna
novela sobre el nuevo paradigma, el dueño del teatro ha dado
instrucciones a este productor para solicitar unas líneas generales
del nuevo paradigma, empezando por una declaración de propósito
estableciendo el tema. Esta es vuestra invitación para participar. Ya
que esto es una producción tipo las de Cecil B. DeMille (productor
de cine de los años 30 y 40), se recomienda el colaborar.

Las analogías que se han usado no pretenden quitarle importancia
a la situación, sino instilar comprensión en los niveles subconscientes
de vuestra conciencia. Las imágenes se asimilan fácilmente y
aportan claridad. Las palabras se filtran a través de una miríada de
experiencias individuales pasadas, actitudes, opiniones y de toda la
programación que cada uno de vosotros habéis recibido gracias a
un adoctrinamiento deliberado. El cine y la televisión han sido sus
herramientas de engaño. Sin embargo, las imágenes que se crean a
través de la imaginación son mucho más poderosas. Por ejemplo,
en vuestro pasado no tan lejano hubo narraciones de historias
sobre mitos y leyendas que invocaban la imaginación. Los dibujos
animados y películas actuales para niños se han creado para reprimir

la imaginación interna y sofocar el instinto creativo. Las imágenes programan el subconsciente. Las imágenes enfocadas con la intención de reprogramar el subconsciente consiguen esto rápidamente. El enfoque es la intención con un propósito y respaldado por la resolución. El planeta y la humanidad continúan pidiendo a gritos el final de esta situación, pero solo la humanidad puede lograrlo, y finalizarlo a través de la creación de un nuevo argumento, un nuevo guión y una nueva obra. El libre albedrío permite a la humanidad elegir, o bien continuar con la película actual o simplemente hacer que el escenario gire hacia la siguiente producción.

Sin embargo, debe haber una nueva puesta en escena sobre el escenario de manera que se pueda invitar a la audiencia para que participe en la creación de esta obra maestra para el planeta en su totalidad.

Si hay algo más que pueda hacerse ya no está en nuestras manos. La llamada despertador depende de cada uno de vosotros a medida que este mensaje entre en vuestra experiencia. ¿Quién es la persona que en tu corazón conoces y que podría resonar con el desafío de este enfoque? ¿Te dedicarás a esta causa tan crítica? ¿Leerás y estudiarás la información con la intención de permitir que su mensaje llene el vacío que resuena dentro de ti, debido a las mentiras y a los engaños de los magos negros? Cuando pienses o digas la pequeña oración, "Estoy llegando a ser humano, ayudadme a llegar a ser", pide guía para que puedas saber y reconocer a través de tus sentimientos lo que es verdadero y lo que no. Y al hacerlo estarás provocando la conexión vibratoria con tu fuente, la causa de tu experiencia de vida aquí y ahora. Se abrirán líneas de comunicación, y empezaran a ocurrir aparentes milagros a través de coincidencias y sincronías. Y por encima de todo se volverá normal en tu experiencia de vida una actitud calmada y pacifica. Tu semblante cambia y sabes quién eres, por qué estás aquí y lo que tiene que hacerse en todo momento. Tienes un propósito, una misión y después de todo hay esperanza para este planeta.

No. 42

En los tiempos que vienen, aquellos de vosotros que decidáis llegar a formar parte de la transformación holística y total de este planeta y sus habitantes, mostrareis el camino a través de vuestra propia transformación. La humanidad se inspira con el ejemplo no con palabras escritas o habladas. ¿Llegareis a ser tan famosos/as como la Madre Teresa? ¡Desde luego que no! Vuestro ejemplo será el de vivir la vida enfocadamente con intención y propósito. Cada día vuestra intención será la de llegar a ser humano con el propósito de que la humanidad y el planeta entero lleguen a ser. Este compromiso al unísono creará un aura de magnetismo que se reflejará en todos los aspectos de vuestra existencia. ¿Te hará millonario? Probablemente no. Porque tu enfoque es el de participar con el flujo creativo mayor que te llevará hacia una experiencia de parámetros aún desconocidos. El concepto básico sobre el que se basan todas las dimensiones más elevadas, es el de comprender que el punto de inflexión para elevarse hacia una conciencia en evolución es el estar enfocado al unísono con el propósito de volver al nivel del creador.

El arte de conseguir quedar siempre por encima de los demás a base de acumular y mantener bienes materiales es un punto discutible. Durante el periodo de caos que facilitará la transición, aquellos con intención de asistir en el nacimiento del nuevo paradigma, antes que apegarse a viejos valores, serán asistidos teniendo a su disposición todo aquello que necesiten para supervisar las facetas de la organización que sean necesarias. Y éstos no estarán dentro del enfoque del liderazgo, sino estableciendo el ideal o arquetipo de cooperación. Antes, se os hizo una pregunta para que contempleis. Se os preguntó si podrías conceptualizar un sistema en el que no hubiera niveles de liderazgo o jerarquías porque no eran necesarias. Un enfoque al unísono basado en la responsabilidad personal para cumplir la meta (compartida) armónica de "llegar a ser" a través de la experiencia individual establece un entorno de cooperación. La cooperación reemplaza la competencia, y el temor ya no está presente. El acumular bienes materiales está motivado por el deseo de protección que a su vez está basado en el miedo a lo que el futuro pueda deparar y alimentado por un ego crecido a través de la competición. "Aquel que muera con más juguetes gana" es una ilustración apta de este desequilibrio. "Es más fácil que un camello cargado pase por el ojo de un alfiler (referencia cultural a la entrada pequeña de una ciudad o al complejo de una casa) que un rico entre en el cielo (estado de satisfacción)." Esto es cierto, pero no porque se hayan acumulado cosas materiales, sino debido a las actitudes que básicamente le han motivado a el o a ella. Los fondos de pensiones son necesarios porque estas mismas actitudes y creencias traen consigo enfermedad y degeneración del cuerpo, ilustrando la falta básica de confianza en el flujo del creador que te dio la vida en esta experiencia vital. En una cáscara de nuez, en el momento que naces, se te enseña a nadar hacia arriba a contra corriente del flujo de expansión creativa. Ahora es el momento de que salgas y te subas a la roca, mires atentamente a tú alrededor y empieces a nadar con el flujo expansivo. Es mucho más fácil y divertido, y es la "felicidad".

El nadar con el flujo permite que el enfoque de "llegar a ser" sea pensamiento actuando dentro y sobre si mismo. La experiencia armoniosa resultante es la de ser totalmente apoyado/a en esa búsqueda sagrada. El lograrlo en un entorno donde la humanidad nada en la dirección opuesta es imposible a menos que se consiga dentro de un grupo que coopere y que se encuentre literalmente fuera de ese flujo. El salirse uno mismo fuera de ese flujo y encaramarse a la roca, percibiendo con cuidado la situación y decidiendo entrar en el flujo mayor de la galaxia que se está moviendo dentro de la expansión creativa, te conduce a un nivel fuera de esa masa que está luchando. Una vez que el grupo inicial comience esta acción por voluntad propia, muchos se unirán y el número irá aumentando, hasta formarse un nuevo flujo que a su vez se unirá al flujo galáctico. Mientras que aquellos que forman parte de la masa, se están literalmente agotando a si mismos al gastar su energía creativa en la lucha, observa como tu vida trascurre de una manera fluida y fácil dentro de ese flujo, y tu misión de invertir el sentido del flujo estará en marcha.

Tu billete de vuelta recibe su primer sello cuando te sacas a ti mismo/a de la corriente y te subes encima de la roca y observas la situación desde el nivel en que aceptas la situación como la realidad dentro del reino de la 3ª dimensión del Planeta Tierra. El siguiente sello en tu ticket lo recibes cuando tomas tu decisión/compromiso de crear un nuevo paradigma de experiencia. El siguiente lo recibes cuando comienzas a moverte en tu conciencia y cambias tu expresión de vida a través del pensamiento y la acción en armonía con tu compromiso para crear este nuevo paradigma de experiencia con los habitantes y el planeta. Sabrás cuál es el propósito de tu encarnación a nivel totalmente consciente y las preguntas sin respuesta cesarán.

Entonces cumplirás con tu propósito. El elegir otra cosa sería romper tu billete. ¿Puedes conseguir otro? Puede que más tarde, pero habrás dejado escapar tu pretendido propósito y la oportunidad que habías planeado.

¡Relee, contempla, reza y decide! El libre albedrío es tu privilegio y tu responsabilidad. ¡Úsalo con sabiduría!

Queridos mensajeros...

Ahora que se ha completado el manual, es hora de que dirijamos la atención de este flujo de información hacia la siguiente fase a seguir. A medida que el impulso del momento empieza a crecer, no tanto en el presente nivel de manifestación como en la intención de participar, nace la idea de que existe un punto de crisis. Nuestra pequeña piedra en el estanque de la conciencia de las masas, y que sin duda te debe parecer muy pequeña, es verdaderamente poderosa. El cambio en la percepción es el punto de partida más importante. Permite evitar las emociones negativas de ira y los deseos de venganza. Vuestra biblia dice "La venganza es mía, dijo el Señor."Esto es totalmente mentira, pero sí contiene el consejo de dejar la ley de la atracción a su acción natural. Vuestra ley karmica mal entendida, como se ha citado cuando existe el deseo por parte de alguien de recibir su "retribución justa", es desde luego una referencia distorsionada de la ley de la atracción. Cuando se cita con un juicio también se aplica en ese momento. "No juzgues, o serás juzgado." En vez, se usaría con sabiduría la ley de la permisividad, el dejar hacer, como en "Estoy llegando a ser humano, ayúdame a llegar a ser." O "Ellos están llegando a ser humanos, ayúdales a llegar a ser, o el/ella está llegando a ser humano/na, ayúdale a llegar a ser." ¡Realmente esta oración por los otros es compartir el don de la gracia y ciertamente es dejar hacer! Esto introduce el siguiente nivel en el cambio de la conciencia humana, más allá de uno mismo, para incluir a otros gracias a la permisividad, y por lo tanto trascendiendo la necesidad de controlar.

Es importante, cuando se trabaja dentro del enfoque pretendido el incluir la conciencia de la masa del planeta entero, para renunciar al deseo deestablecer reglas y regulaciones. Éstas no se venden bien, especialmente con la diversidad de entendimientos que hay en la conciencia de 6 mil millones de seres. Lo más lógico es volver a lo más básico y a un lenguaje sencillo que sea fácilmente traducible y que tenga cuanto menos distorsiones mejor. El BESAR es ciertamente la regla. Los anacronismos son atajos interesantes para el reconocimiento. Quizá podríamos inventar AIPE para atracción, intención, permisividad y equilibrio, o PSTC la primera, segunda, tercera y la cuarta. Para poder cruzar las barreras idiomáticas, culturales y religiosas, las aplicaciones sencillas deben enseñar las leyes básicas sin formalismos. Deben ser aplicables en prácticamente todas las situaciones de la vida y generar el cambio de perspectiva deseado que se traduce en cambios de actitud y conciencia. Se puede hacer esto con solo unas pocas palabras sencillas que incluyan AIPE. Parece paradójico en un mundo en donde hay un número abrumador de medios de comunicación literalmente moviéndose más rápidamente que la velocidad de la luz. Por su puesto, la clave está en lo abrumador. La paradoja incluye a los privilegiados que anhelan una mayor simplicidad y a los desposeídos que anhelan una mayor complejidad. El vacío interior permanece a todos los niveles en la experiencia humana en este planeta, excepto para aquellos que son ahora conscientes de la creación del nuevo paradigma.

El primer instinto de los individuos cuando se encuentran por primera vez con estos mensajes es el de correr apresuradamente hacia "la misión" antes de que el estudio y la contemplación generen los cambios básicos y fundamentales en la conciencia que permitan los encuentros sincrónicos con gente e información que les haga ser conscientes de cual es su parte. Para las multitudes, el cambio de perspectiva y actitud gracias al uso de la sencilla oración es todo lo que necesitan. Estos cosecharán los milagros de una experiencia de vida mucho más rica, en medio del caos, al estar enfocados con intención dentro de la ola de la nueva conciencia. El diseminar el mensaje (palabra) y aplicar los principios básicos en su vida diaria es la misión más importante de todas. ¡Si éstos no se aplican en los niveles fundamentales de la experiencia humana, entonces todos los mensajes serán totalmente en vano! Estas son las ondas. ¿De qué sirven las piedras si el lago permanece estático? La conciencia de víctima debe ser trascendida de manera que la humanidad pueda recuperar su propio poder.

Cuando compartes el regalo de esta información, debes ser capaz de dar una respuesta a aquellos que reciben estos mensajes y responder de un modo reactivo. El deseo reprimido de cambio ha sido liberado y se necesita dar una orientación a aquellos que corren hacia ti en busca de guía. La responsabilidad personal es otra manera de decir "toma tu poder y úsalo enfocando intencionadamente para establecer equilibrio." El estar en un estado equilibrado en la experiencia, es necesario para ser una parte operante del equipo de tierra. El releer, estudiar, contemplar y el aplicar lo que se haya en estos mensajes a través de la experiencia personal probará la validez de esta información y creará equilibrio y armonía dentro del caos. El equipo de tierra tiene espacio para aquellos que están despiertos, conscientes, comprometidos, enfocados y equilibrados. Esto crea la habilidad de actuar más que de reaccionar. Todavía no es tiempo de que los individuos actúen, así que anímales a que continúen estudiando, comparte el mensaje y estate dentro de la onda expansiva mientras ellos esperan pacientemente. Este es el espacio que debes ocupar para ser útil y estar listo. Es ponerle aceite a tu lámpara para que pueda ser encendida en el momento oportuno.

¡Así que conviértete en esta conciencia!

**Para obtener un catálogo
gratuito, llaman por teléfono a
1-800-729-4131
o visitan www.nohoax.com**